Ciudadanía según el Reino

Una Vida de Autoridad Gubernamental

Endosos

Una poderosa enseñanza en el último gran movimiento mundial de Dios nos enseñó mucho sobre nuestros derechos, beneficios y responsabilidades en la familia de Dios. Mi Amigo, Greg Hood, en su nuevo libro, *Ciudadanía según el Reino, Una Vida de Autoridad Gubernamental*, lleva esto a un poderoso y muy necesitado nuevo nivel! Las percepciones en este libro cambian las reglas del juego. Cada creyente debería leer este libro.

Dr. Dutch Sheets
Dutch Sheets Ministries Y *Give Him 15* daily prayer and decrees.
Autor más vendido de: *Authority in Prayer, An Appeal to Heaven, Intercessory Prayer*
www.dutchsheets.org

Mi amigo, Greg, ha escrito un libro empoderado con gran autoridad de nuestro Padre, aportando perspicacia, revelación, e inspiración para equiparnos a cada uno con el conocimiento para vivir como hijos e hijas del Reino. Es más que un manual de enseñanza; es un soplo directo del Espíritu Santo, palabras que cambian la vida. A medida que las abrazas, meditas en ellas, y oras por ellas, caminarás en su libertad como un verdadero ciudadano del Reino, cumpliendo sus planes y propósitos para tu vida. Altamente recomendado.

Apóstol Tim Sheets
Autor de *Angel Armies, Angel Armies on A*ssignment, Planting the Heavens.
Tim Sheets Ministries, The Oasis Church, Middletown, Ohio
www.timsheets.org

Cuando Jesús murió en la cruz, él tomó nuestros pecados con eso dejó el concepto de religión atrás. A pesar de los esfuerzos de eliminar la religión de nuestra cultura, algunos todavía se esfuerzan por mantenerla viva. En años recientes, he empezado a creer que muchos en la Iglesia han escogido seguir las reglas de la religión en lugar de buscar una relación genuina con Dios. Es muy importante recordar que solamente el sacrificio de Jesús nos puede salvar, no ninguna acción religiosa.

Sin embargo, el Señor no se detuvo cuándo nos dio su autoridad. También nos concedió el poder de convertirnos en profetas, sacerdotes, y reyes.

A lo largo de cada capítulo de este libro, Greg Hood nos instruye en cómo manifestar el reino de Dios en nuestro diario vivir aquí en la tierra. Él es enfático que esto va más allá de las paredes de la iglesia. Mientras que muchos de nosotros tal ves no seamos de los cinco ministerios, sigue siendo parte de la vida de un rey liderar y guiar a otros, orar y profetizar por el beneficio del cuerpo, no porque nos consideramos a nosotros mismos superiores o más santos, sino porque hemos recibido el mismo cuidado y guianza de parte de otros.

Además de enseñarnos sobre la ciudadanía, Greg también nos enseña cómo ser embajadores de Cristo y comprometerse con la cultura. Su último libro, *Ciudadanía según el Reino, Una Vida de Autoridad Gubernamental*, destaca cómo podemos ser personas influyentes en el mundo. Aunque, Greg ha escrito otros libros acerca del Reino de Dios, éste es su mejor trabajo hasta el momento. Lo recomiendo enfáticamente como tu próxima lectura.

Ricky Skaggs
15x Ganador del Premio Grammy
Salón de la Fama de la música de Kentucky – 2004
GMA Salón de la Fama de la Asociación de Música Gospel – 2012
Salón de la Fama de los Músicos – 2016
Salón Nacional de la Fama del Violinista – 2018

El nuevo libro de mi amigo el Dr. Greg Hood, *Ciudadanía según el Reino, Una Vida de Autoridad Gubernamental*, cambiará la mentalidad de huérfano de los creyentes a una identidad filial; pasar de servir a una religión a gobernar y reinar en el Reino de Dios. ¡Es una lectura espiritualmente estimulante!

Jane Hamon
Co-apóstol, Vision Church @Christian International
Autor de *Dreams and Visions, Discernment, Declarations for Breakthrough, The Deborah Company* and *The Cyrus Decree*

Mi amigo, Greg Hood, en su nuevo trabajo, *Ciudadanía según el Reino, Una Vida de Autoridad Gubernamental*, nos desafía a dar un paso adelante y tomar nuestro lugar en los propósitos del Reino de Dios, especialmente en nuestros roles sociales y culturales. En este clima presente, donde muchos líderes cristianos están comprando la idea de que deberíamos únicamente predicar el evangelio, Greg nos muestra el otro lado de la moneda. Hemos sido llamados, establecidos y posicionados por Dios para recuperar los cimientos sobre los que se fundó nuestra nación, y nuestra ciudadanía real es el paso número uno. ¡Deja que este libro te anime para trabajar!

Robert Henderson
Autor más vendido de *Court of Heaven Series*

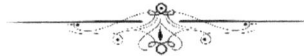

El Dr. Greg Hood ¡lo ha hecho de nuevo! Ha escrito otro libro excelente sobre el tema predominante de la Biblia lo cual es el Reino de Dios.

De una manera admirable entreteje la teología, cultura, política, y las dimensiones prácticas de lo que es ser un ciudadano del presente y eterno Reino de Dios. Su explicación del verso frecuentemente mal entendido que se encuentra en Filipenses 3:20 me impresionó: "Porque nuestra ciudadanía está en los cielos, de donde también ansiosamente esperamos a un Salvador, el Señor Jesucristo,...." Si el cuerpo de Cristo entendiera mejor este versículo, ¡no ignorarían la responsabilidad de su ciudadanía terrenal! ¿Cuántas veces hemos escuchado esta expresión de parte de algunos seguidores de Jesús: "la política es sucia, así que no te metas en temas ni culturales o políticos"? El apóstol Pablo conoció y expresó su ciudadanía celestial, ¡pero él también conocía y ejercitaba su ciudadanía romana!

Greg explica cómo nuestra ciudadanía celestial nos llama a responsabilidades con nuestra ciudadanía terrenal. La responsabilidad principal llama a la Ekklesia - Iglesia a ser mayordomos y administradores de la tierra para que la voluntad de Dios, que siempre se hace en el cielo, se hará cada vez más en la tierra. Este fue el punto clave de la oración que el Señor Jesús le enseñó a sus seguidores a orar. Como intercesores, usamos este modelo de oración que Jesús enseñó. Adicionalmente, como embajadores, cuidamos y administramos que la voluntad de Dios se lleve a cabo en la Tierra. ¡De esta manera nuestra ciudadanía celestial informa y le da fuerza a nuestra ciudadanía terrenal!

Al leer esta excelente lectura, me quedo con un sentimiento de victoria. Este libro tiene un tono especial. Como si el autor hubiese tomado un megáfono y huera gritado "¡Victoria, victoria en los propósitos y planes del Señor Dios en la historia y sobre la tierra!"

Lo animo a que lea este libro tan informativo e inspirador para su propia edificación y para enseñarle a otros la verdad vital de un Reino de Dios que avanza y crece en este momento en la tierra.

¡El Reino de Dios no pierde en la historia! Me encanta como Dr. Hood lo expresa: "los ciudadanos del reino miden su valor por su influencia en la tierra".

Dr. Jim Hodges
Federation of Ministers and Churches International Cedar Hill, TX

Que tu Reino venga; hágase tu voluntad, así en la tierra como en el cielo," siempre será la voluntad de Dios para sus hijos. Para que esto se haga una realidad en nuestras vidas, debemos de tener la revelación y claridad en referencia a nuestra doble ciudadanía. Dr. Greg Hood explica magistralmente esta realidad en su nuevo libro, *Ciudadanía según el Reino, Una Vida de Autoridad Gubernamental*. Él nos lleva a la realización de la verdad que mientras estemos en este mundo, ¡no somos de él! ¡Somos ciudadanos de otro Reino!

Isaac Pitre
Fundador, Christ Nations Church 2Kings Global Network
Isaacpitre.org

Acabo de terminar de leer *Ciudadanía según el Reino, Una Vida de Autoridad Gubernamental*. ¡Guau! ¡Qué revelación más oportuna, un libro profético para el día de hoy! Personalmente apoyo este libro como una de las revelaciones más significativas para cada ministro de los cinco ministerios; apóstoles, profetas, maestros, evangelistas y pastores por igual. Este libro es para cada líder en la iglesia y para cualquiera que declare a Jesús como el Señor. Léalo, practíquelo, y vea el poder de Dios fluir a través suyo—su iglesia dotada—para sus planes finales. "El diablo perdió y Dios ganó." Así serán los titulares en los próximos tiempos.

Greg Hood ha venido al reino como apóstol para este tiempo. Él es un hombre de oración, tiene un poder apostólico, y él es un líder de líderes. Que Dios bendiga a todo aquel que lea este libro. Te cambia la vida.

Apóstol Emanuele Cannistraci
Pastor fundador de GateWay City Church, San Jose, CA

Dr. Greg Hood se está convirtiendo en el escritor más prolífico sobre la verdad bíblica del Reino. ¡Este último volumen brinda una guía clara y sólida a todos los que harán el viaje para pasar de la membresía a la ciudadanía del Reino! Este escrito deja en claro los asombrosos privilegios de la ciudadanía del reino de principio a fin. ¡Jesús vino a establecer y a soltar su reino en la tierra ahora!

Sí, hay más por venir, sin embargo, nuestra posición como ciudadanos y embajadores es clara. Este podría ser el primer volumen para leer y abrazar para los cristianos creyentes. ¡Lo recomiendo para todo el que esté listo a ser parte de la victoria!!!!

Dr. Ron Phillips, D.Min
Pastor Emeritus Abba's House, Chattanooga, TN
Fresh Oil Ministries

Las personas que llegan a los Estados Unidos desde otras naciones y desean la ciudadanía estadounidense pasan por un proceso. El poderoso libro de Greg Hood, *Ciudadanía según el Reino*, explica el proceso para convertirse en un ciudadano del Reino de Dios. Entender los derechos, autoridad, gobierno, influencia, y otras características del Reino provoca que la persona salga de una mentalidad religiosa. El lector es desafiado a levantarse y convertirse en un hijo o hija maduro de Dios. ¡El libro de Greg debería de ser un libro de texto para cada Cristiano! Toda la creación espera que los ciudadanos del Reino abracen el destino que Dios les ha dado y ¡cumplir el gran plan de Dios en la Tierra!

Barbara Wentroble
Presidente, International Breakthrough Ministries

Siempre me emociono cuando los creyentes captan su verdadera identidad y su real ciudadanía celestial, por eso me alegra tanto el recomendar el libro de Greg Hood, *Ciudadanía según el Reino*.

No podemos caminar en libertad del pecado o en poder sobre las cosas de este mundo sin saber verdaderamente quienes somos, viviendo en esa dimensión divina y eterna. Espero que usted saque tiempo para leer este libro en oración y que camine el resto de su vida en la identidad que Dios le ha dado.

Joan Hunter, Evangelista
Anfitrión del programa de TV Miracles Happen

He conocido a Dr. Greg Hood por más de veinte años, Y él ha ministrado la Palabra de Esperanza numerosas veces. He sido testigo personalmente de la notable unción del Espíritu Santo en su vida y ministerio.

La última publicación del Dr. Hood, *Ciudadanía según el Reino; Una Vida de Autoridad Gubernamental*, ofrece valiosas ideas espirituales adecuadas para creyentes nuevos y experimentados. Dado el estado actual del mundo, la enseñanza en este libro es más significativa ahora que nunca antes. Te inspirará a profundizar tu relación con Dios y a convertirte en un embajador más celoso del Reino de Dios. Recomiendo encarecidamente leerlo, estudiarlo, poner en práctica los principios contenidos en estas páginas.

Dr. David A Sobrepena, Word of Hope Church Manila, Filipinas

Como está establecido en Romanos 8:14, "Porque todos los que son guiados por el Espíritu de Dios, estos son hijos de Dios." Por lo tanto, es crucial que adoptemos la mentalidad de Cristo como sus hijos e hijas. Se nos ha concedido la ciudadanía en el Reino de Dios como hijos del Rey Altísimo. Cuando buscamos a Dios de todo corazón, podemos tener fe en que sus promesas se cumplirán en nuestras vidas.

El último libro del Dr. Greg Hood, *Ciudadanía según el Reino; Una Vida de Autoridad Gubernamental*, destaca la importancia de acatar la constitución del cielo: la Biblia. Es esencial para nosotros, como hijos de Dios, comprender nuestros derechos del pacto y vivir conforme a su palabra con confianza. Al comprender y adherirnos a estos principios invaluables del reino, podemos vivir la promesa de Dios como ciudadanos victoriosos de su reino, tal como Jesús lo prometió. Lo insto a leer este libro y a poner en práctica sus enseñanzas.

Congresista Josh Bercheen
Segundo Distrito del Congreso de Oklahoma, 118º Congreso

Leer el nuevo libro del Dr. Greg Hood, *Ciudadanía según el Reino; Una Vida de Autoridad Gubernamental*, fue un honor. Es un libro rápido, fácil de leer, no lo puedes soltar. Está escrito en el estilo conversacional muy propio del Dr. Hood. Es como si estuvieras sentado en tu terraza trasera teniendo una conversación enriquecedora con un viejo amigo que está verdaderamente informado del tema, con todos sus puntos basados en la Biblia de una manera muy interesante y comprensiva.

La opinión del Dr. Hood sobre muchos de los temas diarios se presenta de manera sencilla y común; el texto comienza simple con observaciones sobre nuestra cultura y el concepto de ciudadanía. Entonces llega a la parte significativa. Los ejemplos bíblicos demostrados que sustentan los puntos sobresalientes del Dr. Hood son a prueba de balas. Puedo ver cómo las experiencias de vida de Greg le dan una perspectiva única sobre nuestra cultura y gobierno estadounidense.

He visto a Greg tomar posiciones públicas en favor de la moralidad y la decencia, y su motivación ha sido servir y honrar a Dios. Este libro es un mapa que traza una ruta para ver los desafíos morales contemporáneos a través del lente de la sabiduría bíblica eterna. ¡Greg no solo habla por hablar, sino que también practica lo que predica! Lo recomiendo intensamente.

Bob McDermott (R), Representante del Estado de Hawai 1996-2002, 2012-2022.

Oficial de USMC/ Veterano de Tormenta del Desierto 1988-1992

Estoy personalmente agradecido por la vida y el ministerio del Dr. Greg Hood. Incluso para el observador más casual, es obvio que el Espíritu Santo lo ha ungido para un tiempo como este. Una vez más, en este nuevo libro ha presentado un "manual de trabajo" sobre cómo ser consciente y efectivo en el reino. El estímulo bíblico del Dr. Hood para entrar en la plenitud del reino como un verdadero ciudadano brinda un mandato y un manto a medida que cada uno de nosotros cumple la tarea que Dios nos ha dado. Tenemos derechos, tenemos autoridad, pero más importante aún, tenemos una relación establecida por pacto. El Dr. Hood establece efectivamente en este nuevo libro el poder de la cultura, la influencia, la ciudadanía y de la embajada. Lo recomiendo mucho para cualquier creyente en cualquier nivel de madurez. No puedo esperar para poner esto en manos de aquellos a quienes pastoreo. Bien hecho, Greg, y gracias por tu valiosa inversión en el reino en Ekklesia.

Dr. Scott Reece
River City Church, Quad Cities

El Dr. Greg Hood transmite en su libro, *Ciudadanía según el Reino; Una Vida de Autoridad Gubernamental,* las claves para entender tu filiación, ciudadanía y realeza en el reino del Señor Jesucristo. Describe el conocimiento y la sabiduría que deben administrarse para permitirnos influenciar a otros hacia y a través del Reino de Dios. Al usar tu autoridad y poder como ciudadano, manifestarás el poder divino para liderar en los dominios que te han sido asignados al abrazar esta verdad.

Apóstol Tony Kemp, Presidente de ACTS GROUP
Tony Kemp Ministries

El Dr. Greg Hood tiene un manto de autoridad para entrenar y equipar a los creyentes en los caminos del reino. En este libro, *Ciudadanía según el Reino; Una Vida de Autoridad Gubernamental*, él ha derramado investigación y revelación que cambiará su forma de pensar y lo activará para operar como ciudadano del Reino de Dios. En estas páginas, puede accesar una gran comprensión y sabiduría para ver el cielo en la tierra. Los escritos del Dr. Hood anclarán su comprensión y sistemas de creencias a Dios mismo, trayendo su revelación para fomentar una relación más cercana e íntima con Él.

Jeremy & Emily Bell
Kingdom Entrepreneurs
Decano de Kingdom University College of Business, Franklin TN

El llamado de Dios comienza en el altar de la salvación, pero conduce al altar del servicio. Un ejército de reclutas es solo una colección suelta de individuos hasta que miran a su alrededor y se dan cuenta de que están juntos por un propósito común. Históricamente, el cristianismo se ha centrado en reunir a los evidentemente perdidos, pensando que estábamos salvando almas del infierno. Hoy sabemos que se necesita un mayor esfuerzo para cumplir las palabras de Jesús: "Así en la tierra como en el cielo". Como nos dice Greg: "Nuestra gran salvación comienza como un rescate, continúa como una restauración y emerge completamente como derechos y responsabilidades". A menudo imagino a los discípulos mirando a Jesús cuando les decía: "¡Abre los ojos y mira los campos! Están maduros para la cosecha."

Las palabras de Jesús resuenan a través de la eternidad. Nuestro llamado es tan vasto como nuestro campo de visión. ¿Hasta dónde estamos dispuestos a ver? En *Ciudadanía según el Reino*, El Dr. Greg Hood nos desafía a que juntos levantemos nuestros ojos, para ver quiénes somos en Cristo, para ver dónde estamos en Cristo, y para salir a todo el mundo como ciudadanos-embajadores del Reino de Dios.

Es el llamado de atención que responde a la eterna pregunta: *¿Por qué estoy aquí?*

Dr. Harold Eberle, Worldcast Ministries, Yakima WA
Autor de numerosos libros, incluido *Father Son Theology*

Ciudadanía según el Reino; Una Vida de Autoridad Gubernamental, es una lectura convincente para los tiempos que vivimos. Mientras que el mundo se tambalea por la pérdida del sentido de identidad personal y nacional, este libro nos ayuda a identificar quiénes somos. El Apóstol Greg Hood ha despertado en nosotros la necesidad no solo de entender el Reino de Dios sino también de saber cómo vivir y prosperar en el Reino de Dios. Los animo a digerir esta verdad de ciudadanía desde la perspectiva del mundo invisible que llamamos el Reino de Dios. El Apóstol Greg desarrolla magistralmente la necesidad y la oportunidad de vivir como ciudadano del reino y de conocer sus derechos y autoridad como ciudadanos de esta realidad continuamente revelada. Al leer detenidamente este libro, se sorprenderá de lo poco que aprovechamos de ser coherederos en el dominio del Señor Jesucristo. Siendo una persona que viaja a través de varias fronteras de países, soy consciente de que hay favor y beneficios hacia quien es parte de un país que tiene autoridad en la tierra. Querrás tomar notas por ti mismo para que puedas consultarlas de vez en cuando para medir tu crecimiento al tomar conciencia de tu posición en el Reino de Dios.

Kerry Kirkwood, Pastor Principal
Trinity Fellowship Church, Tyler, Texas

En un momento en que muchas líneas son borrosas en cuanto a lo que está bien o mal, lo moral o lo inmoral, el nuevo libro del Dr. Greg Hood, *Ciudadanía según el Reino; Una Vida de Autoridad Gubernamental*, brinda una comprensión enfocada y perspicaz de qué es exactamente el Reino de Dios, cómo funciona y cómo nosotros, como seguidores de Jesús, debemos vivir dentro de él. Su definición de cultura es especialmente importante para saber por qué y cómo cumplimos nuestros propósitos en el plan y el reino de Dios. Desde el primer capítulo hasta el último, este libro solidificará la realidad del reino de Dios en su mente y espíritu. Tienes un lugar importante y poderoso en él. No te preguntarás más cómo afectará el reino a este planeta y a su gente.

Aprovecha la oportunidad de leer y releer esta obra hasta que sea tan fuerte en ti que nunca se pueda olvidar. Conviértete en el embajador del reino para el que fuiste creado. Tome su posición como miembro de la Ekklesia de Dios. El reino está esperando que los Hijos e Hijas del Rey se levanten como los verdaderos ciudadanos que son, y este libro te inspirará a serlo y luego te mostrará cómo hacerlo. Estoy seguro de que descubrirá que si bien es una responsabilidad increíble, también es una forma emocionante de vivir.

Dr. Bill Greenman
President, Global Purpose Strategies
Purpose International Consultants, LTD

El Dr. Greg Hood lo ha vuelto a hacer! En este libro, *Ciudadanía según el Reino; Una Vida de Autoridad Gubernamental*, El Dr. Hood ilumina el camino hacia la vida del reino. Esta enseñanza alentadora y turbulenta proporciona la sabiduría y la comprensión práctica que necesitamos para convertirnos en personas con mentalidad de reino. La ciudadanía del reino es nuestra posición original ordenada por Dios en la tierra. El Dr. Hood nos lleva a una nueva forma de relacionarnos y a transformar el mundo a través de la ciudadanía del reino. Este libro es una herramienta imprescindible para crear un cambio significativo en tu propia vida y en el mundo que te rodea.

Entrenador Scott Oatsvall
Entrenador de Salud, LT360Health.com

En mi último libro, *Tribunales*, escribo: Nuestro pasaporte identifica nuestra ciudadanía. Mi pasaporte dice claramente que soy ciudadano de los Estados Unidos de América. En ese pasaporte. Tengo muchos sellos que han registrado todos los países en los que he estado durante las últimas décadas. Estoy usando mi tercer pasaporte ya que vencen cada diez años y los otros dos estaban llenos de sellos.

El pasaporte es mi identidad. En una oportunidad, entré a un país extranjero, y por un período de varias horas no tuve mi pasaporte de los Estados Unidos conmigo, aún en ese momento sabía que era ciudadano de los Estados Unidos; pero también sabía que tenía otro pasaporte. Mi pasaporte de los Estados Unidos declara que soy ciudadano de esta nación, pero también tengo otro pasaporte que está asegurado en el cielo. Decreta que soy ciudadano del cielo.

Porque nuestra ciudadanía está en los cielos, de donde también esperamos ardientemente al Salvador, el Señor Jesucristo. Él transformará nuestro cuerpo de humillación para que tenga la misma forma de su cuerpo de gloria, según la operación de su poder, para sujetar también a sí mismo todas las cosas.

Filipenses 3:20-21

Mi amigo Greg Hood aclara una vez más nuestra identidad y el propósito de ella en su libro más reciente, *Ciudadanía según el Reino; Una Vida de Autoridad Gubernamental*. Él deja muy claro quien es el dueño de nuestro pasaporte.

Dr. Tom Schlueter, Apóstol
Red de Oración Apostólica de Texas
Prince of Peace House of Prayer Arlington, Texas

Recuerdo la primera vez que escuché a Greg Hood enseñar sobre *Ciudadanía según el Reino*, y ciertamente fue una revelación. Aunque me crié en un ambiente cristiano, me sorprendió un poco lo que escuché. No se ajustaba a mi paradigma ni describía quién pensaba que era. Sabía que no era un "pecador salvado por gracia". Sabía que mi nombre estaba escrito en los cielos y que mi Padre celestial me había dado ciertos derechos y responsabilidades. Pero comparar mi ciudadanía terrenal con la celestial trajo la gran revelación para entender mi papel, autoridad e identidad. Quiénes somos es clave para asumir nuestra autoridad, nuestros derechos y privilegios que nos ha dado nuestro Padre Dios. Greg Hood es un maestro increíble. No tiene miedo de identificar nuestras vacas sagradas. Depende de nosotros ponerlas en el altar. Este libro le dará la oportunidad de examinar su forma de pensar y entrar en la revelación de sus derechos y privilegios como ciudadano del Reino.

Nuestro Rey Jesús gobierna sobre un Reino espiritual, y nosotros somos sus hijos e hijas. Gobernamos y reinamos con él ahora y en el más allá. Lea este libro con un corazón para entrar en su completa mayordomía, derechos y autoridad.

Regina Shank
Global Transformation International, www.reginashank.com

En un mundo lleno de inestabilidades, crisis y caos, a veces puede parecer imposible mantener la paz. Pero en estos tiempos de desesperación, Dios enviará a sus siervos como un faro de esperanza y los ungirá para entregar un mensaje que destruya las ataduras y quite las cargas de la vida de su pueblo. Creo que el Dr. Greg Hood es uno de esos servidores, y *Ciudadanía según el Reino* es ese mensaje.

Este poderoso mensaje del reino se transmite a lo largo de este libro. Y a medida que lea, aprenderá sobre la singularidad de su ciudadanía del reino, la autoridad y el poder que se le han otorgado.

Así como Dios equipó adecuadamente a tantos individuos a lo largo de la Biblia para el llamado de sus vidas en momentos tan únicos en la historia, Dios también te ha equipado a ti con todo lo que necesitas para "un tiempo como este". ¡No te dejes intimidar más! Ellos fueron reivindicados y facultados para hacer hazañas y ¡tú también lo serás al leer esta oportuna revelación de *¡Ciudadanía según el Reino!*

Pastora Jennifer R. Biard, Pastora líder
Jackson Revival Center Church, Jackson, MS

Ciudadanía según el Reino

Una Vida de Autoridad Gubernamental

Greg Hood

Derechos de autor

Ciudadanía según el Reino

Una Vida de Autoridad Gubernamental

por el Dr. Greg Hood, Th.D.

Edición/Diagramación por Jim Bryson (JamesLBryson@gmail.com)

Diseño de portada por David Munoz (davidmunoznvtn@gmail.com)

Datos de contacto:

Dr. Greg Hood, Th.D.

Greg Hood Ministries / Kingdom University

1113 Murfreesboro Road

Suite 106 #222

Franklin, TN 37064

office@greghood.org, www.GregHood.org, www.KingdomU.org

Contenido

Prólogo 1

Prefacio 5

Introducción 7

1. Ciudadanía 13

2. Reino vs. Democracia 27

3. Cultura 43

4. Embajador 83

5. Influencia 109

6. Límites 123

7. Pasaporte 145

8. Particularidad de la ciudadanía del Reino 165

9. El Poder de los Humanos 177

10. Conclusión 195

Sobre el Autor 201

Trabajo Previo 203

Kingdom University 215

Dedicatoria

LE DEDICO ESTE TRABAJO a mi hermosa esposa y mejor amiga, Joan Sobrepeña Hood, quien atravesó el tedioso proceso legal de convertirse en ciudadana de los Estados Unidos de América. Después de algunos años como titular de la tarjeta verde, pudo solicitar la ciudadanía en su nuevo país.

Joan, eres una esposa, madre, líder apostólica y mujer de Dios increíble. Sé que siempre serás filipina en tu corazón y en tus costumbres. Me encanta eso de ti. Eres una adición muy valiosa a esta gran nación que llamamos hogar. También has sido usada por el Espíritu Santo para ayudar a moldearme para convertirme en el hombre que soy hoy.

¡Gracias por amar a Jesús más de lo que me amas a mí!

Reconocimientos

Un AGRADECIMIENTO ESPECIAL para el Obispo Bill Hamon, quien escribió el prólogo de este nuevo trabajo. Te respeto mucho, señor, como General en la fe y padre del movimiento profético moderno dentro de la iglesia. La Ekklesia no estaría tan avanzada como lo está sin su incansable compromiso con su tarea.

¡A todos mis amigos y colegas que apoyaron este libro! ¡Gracias! Estoy eternamente agradecido a aquellos que me dieron una visión teológica (y corrección de vez en cuando) para este trabajo. Todos ustedes han impactado mi vida de maneras muy especiales. Estoy agradecido por nuestra amistad.

Muchas gracias a mi editor, Jim Bryson. ¡Señor, usted es un soldado! Gracias por permanecer en las trincheras de este trabajo para terminarlo. También quiero dar un gran saludo a Jacqueline Bryson. Gracias por todo lo que haces detrás de escena. Todos sabemos que Jim no podría ser el superhéroe que es sin ti.

Un agradecimiento especial a Keith Long, Kathleen Bullock y Carrol McDonnell por todos sus esfuerzos para ayudar con la revisión. Gracias por detectar todas mis faltas de ortografía y errores gramaticales.

Por último, quiero agradecer a todos nuestros estudiantes, profesores, coordinadores de campus y anfitriones de Kingdom University, así como a nuestro personal, por todo su aliento y por el "tirón" que a menudo hacen para empujarme a profundizar en la investigación y el estudio del Reino. Este es un viaje increíble que cambia la vida en el que estamos todos juntos.

Prólogo

por el Obispo Bill Hamon

CONSIDERO UN PRIVILEGIO escribir el prólogo de este libro *Ciudadanía según el Reino*, por el Dr. Greg Hood.

El apóstol Pedro declaró que debemos ser establecidos en la "verdad presente". Según el plan y propósito de Dios para la restauración y el destino de la iglesia, la proclamación del reino es la verdad presente para este día y tiempo profético. Permítanme explicar por qué esto es cierto. Mi principal ministerio y mis escritos tienen que ver con los movimientos de restauración de Dios. Siete de mis quince libros tratan sobre el origen, la restauración y el destino de la Iglesia.

Estamos en la Tercera Reforma. La Primera Reforma fue la iglesia que nacía y se extendía hasta los confines de la Tierra. La Segunda Reforma fue la restauración de la Iglesia que comenzó en 1517 después de los 1000 años de Edad Oscura de la iglesia. Hubo nueve grandes movimientos de restauración en ese período de 500 años desde 1517-2007. El evangelio básico cubre la muerte, sepultura y resurrección de Jesucristo. Este evangelio cristiano no pudo ser predicado hasta la muerte y resurrección de Jesús y el nacimiento de la Iglesia en el día de Pentecostés. Jesús predicó sobre el reino mas de cien veces en los cuatro evangelios. La Iglesia solo fue mencionada una vez. Por lo tanto, el evangelio cristiano no se pudo predicar hasta que la Iglesia nació en el año 30 d.C.

La Tercera Reforma comenzó en 2008 después de que el Movimiento de los Santos (el último movimiento de restauración de la iglesia) terminó de restaurar todas las verdades del Nuevo Testamento en la Iglesia. Estas son verdades que se perdieron durante la Edad Oscura de 1000 años.

En 1983, tuve la visión de la restauración de los profetas y apóstoles siendo reconocidos como ministerios actuales en la Iglesia. El movimiento profético nació en 1988.

En mi libro, *Apostles, Prophets and the Coming Moves of God*, (publicado en 1997), proclamé que habrían tres movimientos más de Dios antes de la segunda venida de Cristo Jesús. El primero fue el Movimiento de los Santos que nació en 2007. El segundo fue el Ejército del Señor en 2016. El tercer y último movimiento será el Movimiento de Establecimiento del Reino.

Es por eso que los libros del Dr. Greg Hood sobre el reino son verdades actuales y relevantes. Cada movimiento de Dios ha tomado una verdad que los teólogos de la Iglesia proclamaron que era para el pasado o el futuro, convirtiéndola en una experiencia para el presente. Ahora es el momento de tomar la declaración en la oración al Señor de solo bendiciones personales al propósito profético del tiempo del fin que tendrá lugar durante la Tercera Reforma.

Venga tu Reino
Hágase tu voluntad en la Tierra
Así como en el cielo.

El resultado final será Apocalipsis 11:15 que declara:

Los reinos de este mundo han venido a ser de nuestro
Señor y de su Cristo. El reinará por los siglos de los siglos.

Toda verdad que ha sido espiritualizada debe ser precisa. Estoy creyendo que tendremos la revelación sobre cómo cumplimos esa escritura y todas aquellas en el séptimo capítulo del Libro de Daniel. Tal vez el próximo libro de Greg contenga revelación sobre cómo nosotros, la Ekklesia, seremos colaboradores con Cristo Jesús en el cumplimiento de la escritura profética en Apocalipsis 11:15.

Bendito seas, Greg, por tu revelación y tus libros sobre el Reino de Dios. Es evidente que estás llamado a ser un restaurador de la Tercera Reforma. Jesús dio a luz y construyó la iglesia para establecer el reino hasta que su voluntad se haga en la tierra como en el cielo.

Obispo Bill Hamon

Obispo: Christian International Apostolic-Global Network

Autor de: Profetas y Profecía Personal, Los Profetas y el Movimiento Profético, Los Profetas, Peligros y Principios, El Día de los Santos, Quién Soy y Por qué Estoy Aquí, 70 Razones para Hablar en Lenguas, Cómo Pueden Estas Cosas Ser?, Los Futuros Movimientos de Dios, La Tercera Guerra Mundial de Dios, La Tercera y Última Reforma de la Iglesia.

Prefacio

CUÁL ES LA PRIMERA COSA que te viene a la mente cuando escuchas la palabra *reino*? Lamentablemente, (para muchos), la comprensión de la palabra *reino* ha sido moldeada por aquellos que nos enseñaron, y eso puede ser bueno o malo dependiendo del conocimiento del maestro sobre cómo el Reino de Dios impacta nuestra vida cotidiana.

La idea de un reino es ajena a nuestra mentalidad occidental. Para algunos, solo se puede explicar en términos de una era pasada en la que los sultanes gobernaban vastos reinos llenos de intriga, riquezas y envueltos en un misterio que solo unos pocos han penetrado y vivido para contarlo.

La incapacidad de captar el significado y la medida del reino ha generado lucha y división en el Cuerpo de Cristo. Ha llevado a guerras territoriales que aún continúan en la actualidad entre denominaciones. Como advirtió el apóstol Santiago: "Hermanos míos, estas cosas no deben ser."

Después de cuatrocientos años de silencio, Juan el Bautista entró en escena. Predicó un mensaje: "¡Arrepentíos, porque el reino de los cielos se ha acercado!" (Mateo 3:2). Y, un capítulo después, Jesús declaró el mismo mensaje. "Desde entonces Jesús comenzó a predicar y a decir: 'Arrepentíos, porque el reino de los cielos se ha acercado'" (Mateo 4:17).

El significado del mensaje no se puede perder. Jesús no vino a declarar una religión o incluso cómo construir la iglesia más prominente de la ciudad, sino a declarar el gobierno y el reinado de

Dios. Jack Taylor dijo una vez, "La buena noticia es que hay salvación en el reino, pero diluir el mensaje del Evangelio de Jesús a un mero plan de salvación deshonra el reino y perjudica enormemente a la iglesia. Jesús vino predicando un reino, no solo la salvación. Su mensaje fue sobre la ciudadanía, no sobre el rescate."

Es hora de que nuestro entendimiento cambie, no a lo que el hombre piensa, sino a lo que la Palabra de Dios enseña sobre el tema más crucial que uno jamás conocerá: ¡el Reino de Dios!.

Lo que tienes en la mano no es un libro más sobre el Reino de Dios. El apóstol Greg Hood describe claramente y sin diluir los aspectos del reino que deben ser definidos y entendidos. Habla de varios temas que muchos han minimizado o ignorado por completo. Por ejemplo, destaca la importancia de la ciudadanía; el papel de un embajador; los límites de los reinos; la singularidad de la ciudadanía del reino; y ¡mucho más! .

El objetivo del apóstol Greg es claro. Está decidido a mostrar la naturaleza y la extensión del Reino de Dios y cómo se diferencia de todas las demás ideologías, religiones e influencias políticas. Cuando Jesús dijo: "Mas buscad primeramente el reino de Dios y su justicia, y todas estas cosas os serán añadidas", nos dijo que buscar el reino debe tener prioridad sobre todos los demás esfuerzos. (ref. Mateo 6:33).

Esté preparado para explorar aspectos del reino que podrían cambiar su paradigma religioso a una nueva mentalidad de reino que cambiará radicalmente su vida. Como dice el apóstol Greg, "Hay un Dios. Él es nuestro Rey. Hay un reino. Es suyo. Lo llamamos el Reino de Dios. Estamos inscritos en su reino cuando aceptamos su gobierno y reinado en nuestras vidas."

A lo que digo, ¡GLORIA!

Dr. J. Tod Zeiger
Friendsville, Tennessee 37737
www.todzeiger.com

Introducción

En el Cristianismo, a menudo usamos términos comunes que realmente no entendemos, términos que rara vez nos tomamos el tiempo para definirlos. Esto se debe a que definir nuestros términos requiere esfuerzo. Sin embargo, hasta que estemos de acuerdo en el significado de un término, una frase, un concepto o una escritura, nuestra aplicación de estos es inútil. En el mejor de los casos, significan algo para nosotros, pero para el Cuerpo de Cristo en general, somos simplemente una rana más posada en nuestro nenúfar, una de las millones que flotan en un estanque infinito, llenando nuestros pulmones de aire y preparándonos para croar.

La religión, los intentos vacíos del hombre por codificar la experiencia cristiana, está plagada de términos y conceptos que no se pueden definir ni defender. La frase tan utilizada: "Bueno, es un misterio", solo puede respaldarse con la expresión inexplicable: "Tómalo con fe."

Crecí en un ambiente religioso y llegué a la edad en que puse a prueba la religión. En realidad, habiendo sido empapado en las doctrinas de mi denominación, yo era quien estaba siendo examinado. La búsqueda de la verdad comenzó y sigue siendo un viaje personal. El mío dio inicio cuando cuestioné términos como fe, salvación y "vivir la buena vida cristiana". Era extraño que todos a mí alrededor dijeran estas cosas, incluso basaban sus vidas en estas cosas, pero nadie podía explicármelo de una manera que tuviera sentido para este celoso adolescente con un corazón para Dios y un alma destinada a los problemas. Cuarenta años después, armado con una revelación que me llevó toda la vida descubrir, todavía estoy destinado a meterme en problemas, el mejor tipo de problemas. Del tipo que sacude a la gente... ¡y al infierno también! ¡Gloria a Dios!

Comenzó con el desarrollo de una serie de preguntas para ayudarnos a llegar al significado central de las Escrituras. Todo en el cristianismo se relaciona con las Escrituras. Tiene que ser así. Todos nuestros sueños y suposiciones, nuestras experiencias, nuestra sabiduría de prueba y error, deben relacionarse con algo, en algún lugar de ese libro sagrado, guiados por el Espíritu de Dios.

> *La búsqueda de la verdad comenzó y sigue siendo un viaje personal*

El estudio bíblico convencional, realizado en el entorno religioso en el que me crié, se acercaba a las Escrituras como algo para ser adorado y venerado, pero nunca cuestionado. Las palabras impresas en la página eran sagradas, incluso santas. La intensión principal para buscar la verdad era no aplicar ninguna interpretación a las Escrituras, sino obtener la verdad de la Palabra de Dios misma sin mancharla con el punto de vista del "hombre".

Si bien eso sonaba noble, solo sirvió para perpetuar la interpretación de unos pocos elegidos. En asuntos de controversia, de los cuales había un flujo interminable, recurrimos a la interpretación de los venerables sabios que nos habían precedido, aquellos con reputación y títulos, hombres instalados en posiciones de prestigio y poder. Al alinearnos con estos estimados individuos, se nos aseguró la protección de títulos como herejía, rebelión, infidelidad o peor de: "¡ser un carnal!"

Cuando era un joven agitador, sabía que la religión era una réplica impotente de la iglesia dinámica de la que Jesús habló en el Nuevo Testamento, pero no sabía por qué era impotente hasta que comencé a examinar, no solo lo que otros decían sobre las escrituras, sino cómo examinamos las escrituras en primer lugar. Comencé a descubrir una verdad mayor, y me di cuenta de por qué muchos son reacios a emprender un viaje tan peligroso.

Cuando desafiamos el pensamiento convencional, especialmente el que pretende protegernos de una eternidad en el infierno, nos encontramos con una vulnerabilidad inesperada. Las personas son animales de manada. Valoramos la identidad grupal sobre la individualidad. Ponerse de pie en medio del rebaño y declarar "¡No todos tenemos que ser ovejas!" puede hacerte obtener un tiempo de disciplina prolongado en el área de penalización de los árbitros religiosos. Pero alguien lo tiene que decir.

Lo primero que descubrí es que todos interpretan la Biblia. Tenemos que hacerlo. Así es como digerimos la verdad. Lo internalizamos, lo desglosamos, lo aplicamos a nuestras vidas, recuerda, conoceremos la verdad y la verdad nos hará libre y decidir qué tan cerca nos lleva nuestra comprensión actual del corazón de Dios y su Palabra viva.

En mi libro, *El Evangelio del Reino*, desarrollé algunas preguntas simples de indagación para guiarnos en el pensamiento crítico. Comencé con:

- ¿A dónde estamos?
- ¿Qué estamos haciendo?
- ¿Por qué lo estamos haciendo?

Para comprender mejor las Escrituras, apliqué estas cuatro preguntas:

- ¿Quién lo dijo?
- ¿A quién se le dijo?
- ¿Qué significaba en esa cultura?
- ¿Cómo lo aplicamos a nuestras vidas?

Descubrí que aplicar fielmente estas preguntas condujo a una verdad poderosa y, a veces, incómoda. Aún así, recién estaba comenzando. Después de *El Evangelio del Reino* continué con *La Filiación según el Reino*. Era importante no solo entender el evangelio como Jesús lo presentó, sino también entender nuestro lugar en él. Ese lugar es la familia como hijos e hijas de Dios.

Con este tomo presente, *Ciudadanía según el Reino*, hablo de nuestro propósito y de cómo llevarlo a cabo. Mira, una cosa es saber lo que Jesús expuso, y otra cosa es saber quiénes somos en ese gran esquema. Hasta que le demos valor a nuestra función en ese esquema, seguiremos siendo tan débiles e ineficaces como los religiosos que consideramos impotentes.

Nuestra gran salvación comienza como un rescate, continúa como una restauración y emerge plenamente como derechos y responsabilidades. Una cosa es ser sanado; alabado sea Dios por nuestra sanidad a través de Jesucristo de la condición de pecado que plagaba nuestras vidas. Es una experiencia muy diferente convertirse en un sanador.

Amigos, esa es nuestra verdadera vocación. La salvación no se trata solo de quién va al cielo. La salvación ni siquiera se trata de ser "un hijo del rey". La salvación es un llamado a las armas para los justos, aquellos hechos así por la misericordia y la gracia de Dios, avanzar en el campo del esfuerzo que se alinea con nuestro llamado a establecer el Reino de Dios. ¿Qué es el Reino de Dios? Está dondequiera que Dios es Rey.

> *Nuestra gran salvación comienza como un rescate, continúa como una restauración y emerge plenamente como derechos y responsabilidades*

Sí, el reino comienza en nuestra vida individual, pero no puede permanecer allí. Hemos sido salvos; estamos siendo salvados; seremos salvos. Ahora... cambia "nosotros" por "ellos", y el resultado es el significado de nuestro propósito. Solo cuando miramos hacia afuera podemos ver el verdadero significado de lo que Dios está haciendo internamente.

Los invito a un viaje de descubrimiento, uno de destino, no solo suyo, sino de la humanidad. Requerirá algunas definiciones nuevas, algunas menciones de conceptos sagrados, el sacudir de edredones polvorientos y esparciendo las polillas. Pero una mañana, mientras miras esa cara confundida por el sueño que te ha perseguido desde que naciste con las preguntas persistentes: *¿Quién soy? ¿Qué estoy haciendo? ¿Por qué lo estoy haciendo?* Podrás responder:

¡Somos el Reino de Dios!

1

Ciudadanía

Ciudadanía:

1. el estatus de ser ciudadano de un país en particular;
2. pertenencia a una comunidad.

Diccionario Merriam-Webster.com

EL CLÁSICO DEL CINE, CASABLANCA, se centra en las luchas de las personas que huyen de los estragos de la Alemania nazi durante la Segunda Guerra Mundial. Debido a las incontables restricciones de entrada impuestas a los titulares de pasaportes extranjeros, se requería una ruta deliberada a través de un laberinto de países neutrales para acceder a los países libres de Occidente. Cada país, cada paso del camino, ofreció una medida de paso seguro. No fue hasta que el refugiado finalmente aterrizó en las hermosas costas de un país occidental que pudo respirar libremente.

En los tiempos modernos, se hizo un esfuerzo por unir a los diversos países de Europa. Así se formó la Unión Europea. Ahora, sé que algunas personas temían este evento como el anuncio del temido "gobierno mundial" y el reinado de Pie Grande (o el Anticristo, o lo que sea que apoye su escatología). Pero una cosa es segura. La unificación de Europa ha facilitado mucho los viajes y el comercio posterior, y con ello el flujo del evangelio. Los viajeros que solían temer cruzar la frontera ahora se encuentran a sí mismos y a su mensaje fluyendo con relativa facilidad bajo la ciudadanía de un pasaporte y una moneda común.

De hecho, podemos mirar hacia atrás aproximadamente 75 años a la formación de la OTAN y la promesa de un frente unido para hacer frente a la amenaza de las naciones hostiles. Naciones que en varios momentos se encontraron en conflicto por territorio, aranceles y alianzas secretas encontraron mayor fuerza y seguridad en un propósito común y apoyo asegurado.

A lo largo de las escrituras, las tribus, ciudades y los pueblos de Israel buscaron estar unificadas bajo el liderazgo familiar, la ley tribal, el gobierno de los profetas y jueces y el reino. Sorprendentemente, el reino no fue la primera opción de Dios, al menos, no de la forma en que la gente lo quería. Querían un rey humano. Dios quería ser su rey. Aún así, el deseo de la gente indicaba la sensación de seguridad, estatus y propósito que proviene al pertenecer a un reino.

> *Gradualmente, los robustos tablones de una sociedad que alguna vez fue estable y productiva están siendo reducidos a astillas disparo tras disparo de los cañones de la inteligente mafia*

Eso es lo que llamamos *ciudadanía de pertenencia*. Era un estatus importante en los días bíblicos, y es importante hoy. De hecho, más hoy que nuestro mundo, el mismo mundo que tanto amó Dios, se fragmenta bajo la embestida de la política de identidad. Ya no somos simplemente seres humanos. Ya no somos americanos, franceses, brasileños o polacos del norte. No somos simplemente blancos, negros, rojos, amarillos o marrones. Ya no somos hombres o mujeres, sino 67 variedades de distopía de género delineadas por personas que no saben qué baño usar. Estamos divididos por estado azul, estado rojo, pro-esto o pro-aquello, según el suministro de noticias que nos proporcione fragmentos de sonido. Gradualmente, los robustos tablones de una sociedad que alguna vez fue estable y productiva están siendo reducidos a astillas disparo tras disparo de los cañones inteligentes de la mafia. Estamos siendo reducidos a montones de leña, esperando... incluso temiendo... ese fatídico fósforo que podría incendiarlo todo.

A menos que....

A menos que nos demos cuenta de que bajo el cielo azul abovedado, todos somos criaturas del Creador, sujetos a él; hay poco por qué pelear, poco por dividirnos y todo por unirnos. No es de extrañar que cada plan espantoso del enemigo incluya la eliminación de Dios, ya sea ateísmo o religión, para imponer su voluntad a la humanidad. En esto, sin embargo, el enemigo revela su intención. Si tienes que convencerme de que mi Padre no existe antes de intentar derribarme, debo preguntarme: ¿A quién le tienes miedo?

Hay una respuesta a nuestros desafíos actuales. Ha estado allí todo el tiempo, y la abundancia de engaños solo sirve para desviar nuestra atención de su existencia. La verdad es la verdad. Siempre ha sido. Siempre será. "A" es "A."

Hay un Dios. Él es nuestro Rey. Hay un Reino. Es suyo. Lo llamamos el Reino de Dios. Estamos inscritos en su reino cuando aceptamos su gobierno y reinado en nuestras vidas, cuando nos convertimos en ciudadanos.

> *La verdad es la verdad. Siempre ha sido. Siempre será. "A" es "A".*

En las próximas páginas, vamos a aprender lo que significa ser un ciudadano del Reino de Dios. Amigos, la razón por la que los planes de Satanás para dividir a la humanidad han funcionado tan bien es que no hemos mirado lo suficientemente alto para encontrar nuestra identidad. No tiene nada de malo llamarnos hombres o mujeres, sureños o norteños, de un partido de fútbol o del otro. El problema es que no estamos alcanzando el cielo. Toda identidad—y toda bendición—fluye de Dios arriba. Se llama Padre por una razón. Él es la Fuente. El absoluto. La "A".

Nos corresponde aprender lo que significa ser un ciudadano del Reino. Los beneficios van en ambos sentidos, ¿no es así? Comencemos respondiendo la antigua pregunta: "¿Y nosotros qué ganamos?"

Bueno... todo, mas o menos.

CUIDADO

En un reino, suponiendo que sea un reino benévolo, es responsabilidad del rey cuidar de sus ciudadanos. El valor de un rey se mide por lo bien que viven sus ciudadanos, la calidad de sus vidas. Ahora, no estoy hablando solo de dinero o casas grandes o carros elegantes (aunque uno con guardabarros y un kit de elevación sería genial). Los ciudadanos del reino miden su valor por su influencia en la tierra.

Del Antiguo Testamento sabemos que Salomón fue el hombre más rico de su época. Era el Elon Musk de las arenas ardientes. Pero no fue tanto el estilo de vida de Salomón lo que afectó a personas como la reina de Saba. Cuando ella lo visitó, trajo tantos regalos como pudo pensar para impresionar a este gran Sultán. En aquellos días, la influencia lo era todo. (En nuestros tiempos modernos, la influencia todavía lo es todo, pero ahora puedes guardar el aceite de oliva y las tortas de higo). Cuando los reyes daban regalos a otros reyes, no lo hacían para bendecirlos. Lo hacían para impresionarlos. (ref. 1 Reyes 10.)

Hay una tribu en la jungla cerca al Ecuador que decide el prestigio de cada individuo en función de quién puede recibir el mayor golpe con un garrote. Al encontrarse, cada guerrero golpea el cráneo del otro con un arma dura de madera pesada. Esto va y viene hasta que solo queda un hombre en pie. (O el otro tipo se queda sin sangre o desarrolla un caso grave de retraso mental).

Cuando la reina de Saba trajo oro, especias y piedras preciosas, esperaba hacer tambalear a Salomón en su trono, por así decirlo. Esto le daría el estatus que necesitaba para dictar términos en cualquier alianza futura o disputas. Desafortunadamente para ella, no funcionó de esa manera. La Biblia dice que estaba abrumada por el palacio de Salomón, la comida de su mesa, incluso el arreglo de su corte. Sintiéndose mareada, casi se desmaya de asombro por la calidad de vida que tenían incluso los sirvientes de Salomón, un nivel que rivalizaba con su estilo de vida personal.

La reina de Saba vio toda la sabiduría de Salomón, la casa que había edificado, los manjares de su mesa, las sillas de sus servidores, la presentación y las vestiduras de sus siervos, sus coperos y los holocaustos que él ofrecía en la casa del SEÑOR; y se quedó sin aliento.

1 Reyes 10:4

Ahora, traduce eso a nuestra vida con nuestro Rey. Se nos dice que ella presentó sus regalos a Salomón, pero se fue con todo lo que pidió.

El rey Salomón dio a la reina de Saba todo lo que ella quiso pedirle, además de lo que le dio conforme a la generosidad real de Salomón. Entonces ella se volvió y regresó a su tierra, con sus servidores.

1 Reyes 10:13

¿Por qué? Matemáticas sencillas. Salomón, como rey preeminente del mundo conocido, no podía permitir que ella lo superara. Esto fue especialmente crucial considerando que su gobierno era una teocracia. Su posición, poder y prestigio se derivaban de Dios, el Rey del reyes.

Pero a pesar de lo interesante que es esta historia, algo sucedió entre "Aquí, rey" y "¡Guau!" La reina de Saba tuvo una epifanía (que es una forma elegante de decir "se le encendió la luz") ella bendijo a Dios.

Esto fue lo que pasó:

Yo no creía las palabras hasta que vine, y mis ojos lo han visto. Y he aquí que no se me había contado ni la mitad. En sabiduría y en bienes tu superas la fama que yo había oído. ¡Dichosos tus hombres, dichosos estos servidores tuyos que continuamente están de pie delante de ti y escuchan tu sabiduría! ¡Bendito sea el SEÑOR tu Dios, que se agradó de ti para ponerte en el trono de Israel! Por causa del eterno amor que el SEÑOR tiene por Israel, te ha constituido rey, a fin de que practiques el derecho y la justicia."

1 Reyes 10:7-9

Note el orden de los eventos. Ella vino a impresionar. En cambio, quedó impresionada más allá de lo que su imaginación le permitió. Ella honró a Dios como la fuente de lo que vio. Se fue aún más bendecida que cuando llegó. La influencia de Salomón la conquistó. No sus riquezas, no su buena apariencia, no su sabiduría... pero la fuente de todas estas cosas. Llegó como una chica materialista. Y partió como una niña espiritual.

LA PROVISIÓN DE DIOS

Este mismo rey gobierna nuestras vidas hoy si nos sometemos a su gobierno. Es su naturaleza que no permitirá que lo superemos, siempre y cuando lo honremos. Cuando le llevamos ofrendas, cuando servimos en su Reino, él se asegurará de que regresemos a casa con más de lo que trajimos, especialmente cuando su provisión alimenta aún más la asignación para nuestras vidas.

La pobreza no es la meta. La abundancia no es la meta. Conocer al proveedor es la meta, y la abundancia es el resultado. La diferencia es el proceso que nos transforma de una mentalidad de pobreza a una mentalidad de prosperidad. Dios es un buen dador. Él busca excusas para bendecirnos. Nuestra voluntad de dar y reconocerlo como el dador es toda la razón que Dios necesita para abrumarnos con su bondad.

En ninguna parte de la Biblia dice que Dios obtiene gloria de que seamos pobres. Sí, la religión nos dice que la pobreza es honorable, incluso santa. ¿Desde cuándo la religión sigue el rastro del Espíritu que fluye del corazón de Dios? La pobreza no es santidad; solo significa que nuestros bolsillos están llenos de agujeros. ¡Amén!

La pobreza no es la meta. La abundancia no es la meta. Conocer al proveedor es la meta, y la abundancia es el resultado.

Dios quiere darnos todo lo que necesitamos para nuestra tarea, y quiere que lo tengamos ahora. Sin embargo, hay razones por las que no lo entendemos ahora. Esas razones comienzan con la cara que vemos sobre el lavabo del baño todas las mañanas.

Hay cosas que tardamos en hacer porque no tenemos los recursos para hacerlas. Sin embargo, sabemos que Dios quiere que los tengamos; de hecho, los necesitamos para cumplir nuestros propósitos. Entonces, miramos nuestras vidas y decimos: "Dios, ¿qué es lo que está frenando estas cosas? ¿Por qué no estoy cumpliendo tu llamado en mi vida?"

Bueno, no es Dios. ¿Cierto? Somos nosotros. Se trata de alinear nuestra vida con él. No es nuestra capacidad para hacer grandes cosas. Es nuestra capacidad (léase: *madurez*) de administrar lo que él pone en nuestras manos, porque todo lo que nos da contiene una semilla. Ah claro, puede parecernos una cosecha. Puede ser algo más grande de lo que hemos recibido en la vida. Pero enterrado en lo más profundo hay algo que sembrar. Dios está diciendo "Plántalo. No lo comas. Úsalo para agrandar tus tiendas."

Joan y yo a veces miramos las cosas que Dios ha traído a nuestras vidas y pensamos: "Hombre, esta es una cosecha increíble". Entonces escucho al Señor decir: "No, es la semilla de cosas mas que asombrosas; por cosas que ni siquiera puedes imaginar todavía."

Toda cosecha produce semilla. Así es como las bendiciones de Dios se perpetúan. Si todo lo que vemos es la generosidad, no estaremos dispuestos a hacer el sacrificio de sembrar algo, si no todo, para otra temporada.

La mentalidad religiosa dice que hay que consumirlo. Cómetelo todo. Dios tiene un suministro ilimitado, ¿verdad? Y cuando llegue el momento de sembrar, la semilla simplemente aparecerá. ¡Listo!

Si...no. Así no es cómo funciona. Dios nos está madurando. Nos están enseñando disciplina. Un dólar todavía vale 100 centavos, ya sea en manos de un mendigo o de Jeff Bezos. Tenemos que valorarlo como tal. El hecho es que Dios lo tiene todo; nosotros no. Específicamente, nos falta la madurez para manejar mayores bendiciones hasta que crezcamos en ellas.

Mayor bendición siempre contiene más semilla para sembrar para que mas bendición entre en nuestras vidas. Por eso el diezmo es un porcentaje, una décima (10%) del total. No es una cantidad finita como cincuenta *omer* de trigo o diez vacas. (¿Qué es un *omer*, de todos modos?) El diezmo, como toda siembra, es la cosecha trabajando para nosotros. Por supuesto, consumimos parte de la cosecha porque la necesitamos. Pero también lo distribuimos donde Dios nos ha llamado a operar.

La vida del reino es una vida de fe, una vida de plenitud. La ciudadanía es una vida basada en la promesa de Dios de que él se encargará de todo lo que necesitamos. La religión nos enseña la mecánica del reino, la metafísica, por así decirlo, pero niega la relación con Dios. El Reino tiene leyes, pero la religión las convierte en reglas que debemos cumplir con la esperanza de persuadir a Dios para que nos bendiga.

- Si hago esto, Dios me dará aquello.
- Si digo todas las cosas correctas, todas las cosas correctas aparecerán.
- Si hago a los demás, me pasará lo mismo.
- Si actúo bien, entonces tal vez Dios me permita tener lo que necesito para trabajar para él.

La mayoría de las veces, sin embargo, estas cosas funcionan hasta cierto punto. Esto se debe a que las reglas de la religión se basan en las leyes de Dios. Sin embargo, para empezar, la religión pierde la razón de ser de las leyes. Dios quiere gente que lo busques por lo que es, no por lo que da. La dádiva de Dios es para enseñarnos a recibir, a ser mayordomos y a convertirnos en hijos e hijas plenamente investidos del Rey.

La ciudadanía es una vida basada en la promesa de Dios de que él se encargará de todo lo que necesitamos

La religión nos hará hacer todas las cosas correctas por todas las razones equivocadas. Y quién sabe... quizás consigamos ese Rolls Royce chapado en oro por el que hemos estado creyendo, pero no estaremos más cerca de Dios que cuando conducíamos un Ford Pinto. Y ahora tenemos este gigante que mantener. (Los cambios de aceite por sí solos nos llevarán a la bancarrota).

Recibir de Dios no es cuestión de doblegar el corazón. Ya nos ama lo suficiente como para haber enviado a su hijo. El Padre ya tiene todo lo que necesitamos en su tesorería. Entonces, ¿qué necesitamos hacer para recibir? Necesitamos alinearnos con él, su plan y su propósito. No podemos quedarnos inmaduros con una mentalidad de esclavos buscando satisfacer nuestras necesidades. Los hijos y las hijas saben lo que es suyo. Compartimos la herencia familiar. Somos ciudadanos por nacer de nuevo.

Recibir de Dios no es cuestión de doblegar el corazón. Él ya nos ama lo suficiente como para haber enviado a su hijo

Ahora bien, no damos en función de las necesidades. Dar a alguien o algo en base a su carencia es algo que rara vez deberíamos hacer. Debemos dar a la visión. Nuestro dar debe decir: "Yo creo en ti. Me alineo con lo que estás haciendo. Veo cosas buenas que suceden aquí. Que este regalo produzca cosas aún mayores".

Sí, las visiones tienen necesidades, pero nuestra semilla no va a entrar en la visión si la mentalidad es: "ay no, no tienen suficiente para hacerlo. No lo pueden realizar. No pueden hacerlo".

Cuando sembramos escasez, cosechamos escasez. No, debemos sembrar en vida, tomando algo de nuestra vida y poniéndola en la visión para que cosechemos vida. Damos a los pobres, pero no porque sean pobres. Sembramos en los pobres, creyendo para grandes cosas para ellos.

> *El que da al pobre presta al SEÑOR,*
> *y él le dará su recompensa.*
>
> Proverbios 19:17

Dios dice que cuando damos a los pobres, le prestamos. Y nos lo devuelve. Él nos lo devuelve. ¿Por qué? Para que podamos sembrar aún mas. El día que nos encontremos sentados, gordos, atontados y cómodos sobre una pila de granos, comiendo alegremente nuestra semilla, es el día en que nos abrimos paso a la pobreza.

Cuando damos a los pobres, Dios lo paga. No hay forma de manipular las escrituras para decir que estamos obteniendo intereses por nuestro dinero. Simplemente significa una devolución por lo que prestamos.

> *Den, y se les dará; medida buena, apretada, sacudida y*
> *rebosante se les dará en su regazo. Porque con la medida*
> *con que miden se les volverá a medir.*
>
> Lucas 6:38

Ahora, cuando estamos sembrando y dando a una visión, Dios nos dice que podemos esperar una cosecha. ¿Por qué? Porque estamos permitiendo que esa visión crezca, y mientras lo hacemos, nuestra inversión produce una cosecha en nuestras vidas. Esa es el verdad principio de sembrar y cosechar versus meramente darle al pobre.

Desde la perspectiva del Reino, donde ponemos nuestros recursos es donde ponemos a Dios. De hecho, nuestros recursos no son nuestros; no precisamente. Estamos administrando nuestros recursos

El día que nos encontremos sentados, gordos, atontados y cómodos sobre una pila de granos, comiendo alegremente nuestra semilla, es el día en que nos abrimos paso a la pobreza

para Dios. En la medida en que invirtamos donde Dios dice que invirtamos, podemos esperar un gran retorno. Pero si invertimos en otra parte, tal vez motivados por la piedad, la codicia o la ignorancia, responderemos ante el Padre. La buena noticia es que Dios rara vez castiga. Casi siempre educa. El fracaso es simplemente una indicación de la necesidad.

¿QUIÉNES SOMOS?

Como ciudadanos del reino, es importante comprender que nuestras vidas no nos pertenecen. Pertenecemos al Rey. Como Pablo nos dijo:

Con Cristo he sido juntamente crucificado; y ya no vivo yo sino que Cristo vive en mí. Lo que ahora vivo en la carne, lo vivo por la fe en el Hijo de Dios quien me amó y se entregó a sí mismo por mí.

Gálatas 2:20

Entonces, si nuestras vidas pertenecen a Dios, ¿en qué nos convierte eso? Nos hace ciudadanos.

Por lo tanto, ya no son extranjeros ni forasteros sino conciudadanos de los santos y miembros de la familia de Dios,

Efesios 2:19

Porque nuestra ciudadanía está en los cielos, de donde también esperamos ardientemente al Salvador, el Señor Jesucristo;

Filipenses 3:20

Un ciudadano es un miembro de un estado o nación. Pero hay otra distinción en nuestra alianza, la de embajador.

23

Así que, somos embajadores en nombre de Cristo; y cómo Dios los exhorta por medio nuestro, les rogamos en nombre de Cristo: ¡Reconcíliense con Dios.

2 Corintios 5:20

...Y también oren por mí, para que al abrir la boca me sean conferidas palabras para dar a conocer con confianza el misterio del evangelio por el cual soy embajador en cadenas; a fin de que por ello yo hable con valentía, como debo hablar.

Efesios 6:19-20

Necesitamos entender eso cuando Pablo usa términos como ciudadano, ciudadanía y embajador. Estos no son términos religiosos. Estos son términos gubernamentales. Así como la ciudadanía en nuestro país de origen no tiene nada que ver con nuestra religión, nuestra ciudadanía en el Reino de Dios no tiene nada que ver con la religión. La ciudadanía se refiere a nuestros derechos y responsabilidades que tenemos como ciudadanos de nuestra nación. Nos llama a ser miembros de esa nación.

En los Estados Unidos, tenemos ciudadanos naturales y ciudadanos naturalizados. Irónicamente, los ciudadanos naturalizados enfrentan un proceso mas difícil para convertirse en ciudadanos. Todo lo que los ciudadanos naturales tienen que hacer es nacer dentro de la jurisdicción legal de los Estados Unidos. Aunque eso puede ser una tarea difícil en sí misma.

Mi esposa, Joan, que es de Filipinas, tuvo que tomar clases y aprobar un examen para convertirse en ciudadana estadounidense. Uno de los momentos mas orgullosos de mi vida fue ver a Joan ponerse de pie con una bandera en la mano izquierda y la mano derecha levantada mientras prometía su vida para proteger la Constitución de los Estados Unidos contra todos los enemigos, extranjeros y nacionales. (Me pregunto cuántos ciudadanos natos estarían dispuestos a hacer lo mismo hoy).

Joan hizo el mismo juramento que hacen nuestros militares y nuestros funcionarios electos. Los ciudadanos naturalizados prometen amar a nuestro país, someterse a sus leyes, arraigarse en este país, hacer de Estados Unidos su nación, protegerlo y defenderlo. Estas son cosas que nosotros, como ciudadanos, a menudo damos por sentado. Cuando se completa el proceso, los ciudadanos naturalizados tienen los mismos derechos que los ciudadanos naturales. (La única excepción es que no pueden ser presidente. Eso requiere ciudadanía por nacimiento).

Muchos de nuestros abuelos o bisabuelos vivieron el mismo proceso de naturalización. Pasaron por Ellis Island y otros puertos de entrada diciendo: "Queremos ser estadounidenses. Queremos ser parte del sueño americano. Queremos ser parte de lo que Estados Unidos puede brindar y queremos contribuir."

Son la razón por la que muchos de nosotros hoy nacimos ciudadanos. La ciudadanía es algo increíble. Una persona debe lealtad a un gobierno, y esa lealtad le da derecho a protección y provisión. Un Reino es una forma de gobierno, en la que un rey les provee. Es responsabilidad del rey asegurarse de que sus ciudadanos estén bien atendidos, que tengan la oportunidad de ganarse la vida.

Hubo un tiempo en la historia, incluso en nuestra vida, en que el imperio británico se extendió por todo el mundo. De ahí el dicho: "El sol nunca se pone en el imperio británico". El sol siempre brillaba en algún lugar de ese reino. Puede haber estado oscuro en la Madre Inglaterra, pero en Hong Kong o India, que eran territorios de Gran Bretaña, el sol ardía en todo su esplendor.

Debemos entender que el Reino de Dios resplandece con gloria eterna. En última instancia, no somos ciudadanos de un reino terrenal. El nuestro es un reino celestial, tanto en lo que está disponible para nosotros como en lo que se requiere de nosotros.

2

Reino vs. Democracia

UN REINO Y UNA DEMOCRACIA comparten rasgos similares y diferencias sorprendentes. Veremos algunas de las diferencias aquí en este capítulo.

PROTECCIÓN

Un rey proporciona protección. ¿Qué quiere decir esto para ciudadanos del Reino de Dios? Para empezar, hay un ejército. Cada reino tiene un ejército, y los ciudadanos de ese reino están protegidos por ese ejército. Bueno, el ejército del Reino de Dios son los ángeles. No somos nosotros. No somos el ejército de Dios. Somos reyes. Los ángeles componen el ejército de Dios. Dirigimos el ejército.

Cuando el enemigo nos mira en el campo de batalla, no ve soldados, cabos, sargentos, mayores o generales. Él ve reyes. Él no nos ve clasificados entre nosotros. Nos ve a todos con coronas en la cabeza, reyes formados contra él. Imagínese lo que siente el enemigo cuando un ejército de reyes viene tras él: reyes cargando espadas desenvainadas, liderando una hueste de ángeles para tomar un territorio para Dios.

La religión nos dice que somos el ejército de Dios, que luchamos por Dios. Pero como la mayoría de las cosas en la religión, eso es incorrecto. Lideramos el ejército de Dios. Por eso es tan importante nuestra posición en el campo de batalla. Si vas al campo de batalla y piensas que solo eres clasificado como soldado raso y éstas otras personas son sargentos mayores, subtenientes, coroneles y generales, entonces pensarás que eres menos de lo que son esas otras personas. Subconscientemente, incluso podrías usarlo como una excusa para no esforzarte al mismo nivel. Pero si todos vamos al campo de batalla coronados como reyes, entonces todos juntos estamos clasificados. Nadie esta pensando: *Bueno, son más importantes que yo.* O: *Soy el mas importante... al lado de ese tipo... que es menos importante que ese otro tipo.* Ciertamente, algunas personas tienen mas experiencia que nosotros, pero no tenemos menos autoridad que cualquier otra persona que esté a nuestro lado. En esta mentalidad de Reino como hijos e hijas del rey, todos vamos a la batalla con el mismo nivel de autoridad. Nuestros dones y llamados como ministros quíntuples pueden darnos diferentes posicionamientos, pueden permitirnos liderar a otros reyes, pero eso no significa que aquellos a quienes lideramos sean menos que nosotros solo porque somos apóstoles, profetas o autores. (Dios nos ayuda a todos).

El pensamiento jerárquico es un pensamiento religioso. En el Reino de Dios, estamos llamados a servir al Cuerpo de Cristo. Como líderes, debemos mejorar sus capacidades. Debemos enseñar, guiar, ser pioneros y posicionar a otros para conquistar batallas de la misma manera que lo hacemos nosotros. Y ojalá lo hagan mejor.

PROVISIÓN

> *El pensamiento jerárquico es un pensamiento religioso.*

Jesús tenía mucho qué decir a sus discípulos, los futuros administradores del Reino de Dios en la tierra, con respecto a la provisión de Dios para ellos y sus actitudes hacia ella.

Por tanto les digo: No se afanen por su vida, qué han de comer o qué han

28

de beber; ni por su cuerpo, qué han de vestir. ¿No es la vida más que el alimento, y el cuerpo más que el vestido? Miren las aves del cielo, que no siembran ni siegan ni recogen en graneros; y su Padre celestial las alimenta. ¿No son ustedes de mucho más valor que ellas? ¿Quién de ustedes podrá, por más que se afane, añadir a su estatura un milímetro? ¿Por qué se afanan por el vestido? Miren los lirios del campo, como crecen. Ellos no trabajan ni hilan; pero les digo que ni aun Salomón, con toda su gloria, fue vestido como uno de ellos. Si Dios viste así la hierba del campo, que hoy está y mañana es echada en el horno, ¿no hará mucho más por ustedes, hombres de poca fe? "Por tanto, no se afanen diciendo: ¿'Qué comeremos? 'o ¿'Qué beberemos? 'o ¿'Con qué nos cubriremos?'. Porque los gentiles buscan todas estas cosas, pero el Padre de ustedes que está en los cielos sabe que tienen necesidad de todas estas cosas. Mas bien, busquen primeramente el reino de Dios y su justicia, y todas estas cosas les serán añadidas. Así que, no se afanen por el día de mañana, porque el día de mañana traerá su propio afán. Basta a cada día su propio mal.

Mateo 6:25-34

El mensaje de Jesús fue claro. "No te preocupes por tu propia vida." ¿Por qué? Esa es su responsabilidad. Es responsabilidad de Dios proveer para nosotros. Es su responsabilidad alimentarnos y vestirnos. Deja que tu corazón se regocije en esa verdad.

> *Así que no te preocupes por el mañana; porque el mañana se preocupará de sí mismo.*

Por supuesto, uno podría interpretar esto diciendo: "Bueno, Greg, eso suena maravilloso. No quiero trabajar quiero tocar el tambor todo el día. Y cuando llegue el momento difícil, me voy para tu casa".

Todo lo contrario. Se supone que debemos movernos en lo que el Padre nos ha asignado que hagamos. Llevamos el Reino de Dios a donde quiera que vayamos.

A menudo, nuestro campo misionero más productivo es el lugar de trabajo. Cuando caminamos en la voluntad de Dios, la voluntad de Dios camina en nosotros. Él nos da todo lo que necesitamos en nuestras vidas. Eso incluye trabajos, los medios para ganarse la vida.

> *Al contrario, acuérdate del SEÑOR tu Dios. Él es el que te da poder para hacer riquezas, con el fin de confirmar su pacto que juró a tus padres, como en este día.*
>
> Deuteronomio 8:18

David nos dice que nuestro Padre no es un papá holgazán o ausente:

> *Dios es nuestro amparo y fortaleza, nuestro pronto auxilio en las tribulaciones.*
>
> Salmo 46:1

El Padre nunca nos deja; él nunca nos abandona.

> *¡Esfuércense y sean valientes! No tengan temor ni se aterroricen de ellos, porque el SEÑOR tú Dios va contigo. Él no te abandonará ni te desamparará.*
>
> Deuteronomio 31:6

> *...Y he aquí, yo estoy con ustedes todos los días, hasta el fin del mundo.*
>
> Mateo 28:20

Si el Padre te da una tarea, si te mueve a hacer algo, no te conmuevas por lo que ves. Sé conmovido por la asignación. Eso es fe, ver lo que Dios ve.

> *...quien vivifica a los muertos y llama a las cosas que no existen como si existieran.*
>
> Romanos 4:17

Si juzgamos lo que debemos hacer en la vida por lo que vemos y sentimos, si simplemente reaccionamos a lo que sucede a nuestro alrededor, nos perderemos el caminar más profundo con Dios. No cumpliremos con las cosas más grandes que Dios tiene para nosotros porque estamos enfocados en las necesidades inmediatas: alimento, vestido, refugio y las tormentas de la vida, ya sea el clima, la política o las relaciones. Amigos, no hay nada de malo en alimentar a sus familias, cortar el césped o expulsar a los vagabundos de sus cargos para que los próximos vagabundos puedan ocupar su lugar. Los problemas surgen cuando la vida cotidiana se convierte en nuestro único objetivo. Considere estas escrituras.

> *La religión pura y sin mancha delante de Dios el Padre es ésta: ayudar a los huérfanos y a las viudas en sus aflicciones, y no mancharse con la maldad del mundo.*
>
> Santiago 1:27 DHH

> *De cierto, de cierto les digo que el que cree en mí, él también hará las obras que yo hago. Y mayores que estas hará, porque yo voy al Padre.*
>
> Juan 14:12

Estamos llamados tanto a lo natural como a lo sobrenatural. Ninguno es menos que el otro. Servimos a un Dios poderoso. Él llena el estómago de los hambrientos y mueve a las naciones a recibir la gloria de su reino. No hay nada que pueda resistirlo... o a nosotros cuando estamos alineados con él.

> *Y de pronto se desató una gran tormenta en el mar de Galilea, de modo que las olas cubrían la barca; pero Jesús estaba dormido. Llegándose a Él, lo despertaron, diciendo: «¡Señor, sálvanos, que*

perecemos!».Y Él les contestó: «¿Por qué tienen miedo, hombres de poca fe?». Entonces Jesús se levantó, reprendió a los vientos y al mar, y sobrevino una gran calma. Los hombres se maravillaron, y decían: «¿Quién es Este, que aun los vientos y el mar lo obedecen?"

Mateo 8:24-27

Estas cosas os he hablado para que en mi tengáis paz. En el mundo tendréis aflicción, pero confiad, yo he vencido al mundo."

Juan 16:33

Estar de buen ánimo. Armarse de valor. Cuando Dios te da una tarea y todo lo que ves son obstáculos, mira más allá de ellos. ¿Por qué? Porque es responsabilidad de Dios alimentarte, vestirte, albergarte y traer a tu vida todo lo que necesitas para completar esa tarea.

Cuando Dios nos guía en jornadas de fe y no vemos que las cosas se manifiestan, eso no significa que no aparecerán cuando se necesiten. Ha habido momentos en que Joan y yo hemos escuchado a Dios decir: "Hagan estas conferencias", o "Hagan estas reuniones", o "Vayan a esta nación". Nuestros corazones dicen "Sí", pero nuestra chequera dice: "¿Estás loco?" Sin embargo, estamos en fe. "Alabado sea Dios, y nos vamos. ¡Vamos, chequera!. Aprende algo sobre la provisión de Dios."

> *Estar de buen ánimo. Armarse de valor. Cuando Dios te da una tarea y todo lo que ves son obstáculos, mira más allá de ellos.*

La parte natural de nosotros solo puede ver los ceros en nuestra cuenta bancaria. Ese es el lado lógico; el lado responsable. No hay nada malo con ese lado de nosotros. Pero la parte de la fe en nosotros ve al único, al poderoso, frente a todos esos ceros. (Es el número de 0 después del 1 lo que determina la cantidad).

Nuestros corazones se vuelven a Dios, y cobramos valor. Sabemos que cuando hay

32

escasez, Dios se está preparando para revelar su abundancia. Entonces, respondemos a Dios, hacemos planes para visitar ciertas naciones, y el Señor sobrenaturalmente nos trae las finanzas que necesitamos para ir.

Ciertamente, hay momentos en que tenemos suficiente para hacer lo que estamos llamados a hacer. Tenemos mucho y podemos llevar gente con nosotros. Esas oportunidades no son menos espirituales. Pero otras veces, el Señor dice: "Quiero que empieces a planificar; quiero que lo anuncies; Quiero que lo hagas."

"Pero Señor, no hay dinero"

"Quiero que lo anuncies; Quiero que lo planees; Quiero que lo hagas."

"Está bien, Señor. Entiendo el mensaje. Te estás preparando para hacer algo bueno aquí. Gracias."

A lo largo de los años, hemos aprendido a ni siquiera cuestionar al Señor, simplemente a intentarlo. Y él provee. Aunque su provisión aparezca en el último momento, aunque sea después del evento y hayamos tenido que sudar y orar tirados en el suelo y mojando la alfombra. Eso también es bueno. Probablemente necesitábamos fortalecer nuestra fe, y de paso limpiamos la alfombra. Sabemos que siempre que nos movemos en su encargo, el Padre es fiel.

Aunque Dios promete consolarnos, su enfoque no es nuestra comodidad. Fácilmente puede adormecernos en una falsa sensación de complacencia. Queremos las cosas fáciles. Queremos que simplemente fluyan. Bueno, a veces lo hace; a veces no. Cuando estamos conquistando nuevos territorios, los demonios no se dan por vencidos sin luchar. Tenemos que ajustar nuestra estrategia dependiendo de las circunstancias. La diplomacia no funciona con el enemigo. Sólo tenemos que invadir. Tenemos que entrar y decir: "¡Fuera! Estás en mi asiento. Eso está marcado para el Reino de Dios."

Esto no puede ser mera palabrería. No puede ser simplemente una confesión positiva. Tenemos que llevar la fuerza de ello. Requiere saber dentro de nuestro espíritu que el Padre se está asociando con nosotros y nosotros nos estamos asociando con él. A medida que hacemos nuestra parte como hijos e hijas que caminan en su autoridad, el Padre libera su parte. Somos ciudadanos de su Reino. Nada puede cambiar eso.

La religión no puede operar de esta manera. La religión necesita juntas directivas, comités, presupuestos y recaudadores de fondos. La religión necesita que se realicen todas estas campañas para asegurarse de que los recursos estén en el banco antes de comenzar cualquier cosa. A las personas religiosas les encanta la frase "calcular el costo" de Lucas 4:28, pero fallan en hacer la conexión con la verdad de Dios. "Cuenta el costo" no significa contar nuestros centavos y decidir si vamos a obedecer a Dios o no. Significa calcular el costo de nuestra actual forma de vida. El costo de obedecer a Dios está en el cambio de la autosuficiencia a la suficiencia de Dios. Es liberar nuestros recursos a cambio de sus recursos. Es pasar de nuestros medios limitados a la provisión infinita de Dios. Es dar un paso adelante en la comprensión completa de quiénes somos y a quién le pertenecemos: ciudadanos del Reino de Dios.

En el Reino, las tesorerías del Padre siempre están llenas. Hacemos retiros, pero se extraen del banco del cielo. A menudo, la gente se nos acerca a Joan ya mí y nos dice: "Quiero darte esto. Tienes algo que quieres hacer. Quiero que lo tomes."

Miramos y es un cheque con demasiados ceros para contar. Se necesitan dos cheques engrapados solo para escribir el número. Esto nos abruma, y ambos comenzamos a llorar, agradeciendo al Señor: "Eres tan maravilloso, Dios."

> *El costo de obedecer a Dios está en el cambio de la autosuficiencia a la suficiencia de Dios.*

Sabemos que la provisión no es para nosotros; es para la tarea. No tenemos el placer o el privilegio de disfrutarlo. Lo ponemos todo en la tarea y somos fieles con ella. No lo usamos para pagar la factura de la luz ni el pago del coche ni para salir a comer. Sabemos que regalos como ese son para la tarea. A menudo, cubre nuestros gastos hasta el último centavo.

Amigos, Dios es bueno. No te preocupes. No se preocupen por sus vidas. No es tuya. Es Cristo el que vive en ti. Todo es posible. Todas las cosas son hechas nuevas.

VISIÓN DE ASIGNACIÓN

Mientras escribo esto, hay un entusiasmo creciente en mí sobre el estado de Tennessee donde Joan y yo vivimos. Más que una residencia, aquí tenemos un encargo. Dios nos ha puesto aquí para tener voz en la ciudad, la región y la nación. Es una voz de autoridad; es una voz de resolución que viene de un lugar de posición correcta en Dios. Hemos aprendido que cada vez que Dios nos da esas cosas, no es para nuestra comodidad. Es por nuestra influencia.

Hay una expectativa en mí por Tennessee que aún no sé cómo expresar con palabras. Dios se está preparando para incendiar las colinas de Tennessee con su gloria. Tuve una visión una noche. (Sueño a menudo). Vi pequeños focos de fuego por todas las colinas de Tennessee. Y en mi mente natural, volví a los documentales, imágenes y películas, y pensé: "Oh, esos están haciendo licores ilegales. Tienen las colinas iluminadas."

El Espíritu del Señor dijo: "No, ese es mi Hijo prendiendo fuego mientras camina por este estado."

El Señor caminaba por el estado de Tennessee, y en cada lugar que tocaba su pie, se encendía un fuego. ¡Gloria!

Esto no tiene nada que ver con la religión. Se trata de tomar el territorio de Tennessee, traerlo de regreso al Reino de Dios como los primeros frutos de lo que Dios está haciendo en esta nación. Estoy emocionado de ver lo que Dios está haciendo en Tennessee.

Cuando avanzas en lo que Dios te ha llamado a hacer, necesitas tener dentro de ti la visión para la región. El Reino es para difundir la influencia de Dios en nuestras comunidades, ciudades, regiones y naciones. Se trata de tomar territorio. No se trata de saquear el infierno para poblar el cielo. Ese era un dicho popular en los días carismáticos. Bueno, el infierno no necesita saqueo. Jesús ya es dueño del infierno. Él es el Señor sobre el infierno, no el diablo. Como ciudadanos del Reino de Dios, habitamos territorio que antes era propiedad de otros reyes.

> *El Reino se trata en difundir la influencia de Dios en nuestras comunidades, ciudades, regiones y naciones*

LA CIUDADANÍA VIENE CON DERECHOS

Como estadounidenses, ya sea natural o naturalizado, ejercemos los derechos de ciudadanos de los Estados Unidos de América. Lo mismo ocurre con los ciudadanos del Reino de Dios. En un reino, vivimos por derechos. Vivimos nuestras vidas a través de estos derechos, no a través de algún milagro mágico místico que Dios pueda hacer por nosotros de vez en cuando.

No tenemos que sentirnos como estadounidenses para ser estadounidenses. A veces no me siento estadounidense cuando veo lo que está pasando en nuestro país, pero sigo siendo un ciudadano. ¿Por qué? Mi certificado de nacimiento y mi pasaporte dicen que soy estadounidense. Tengo los derechos de esta nación. Puedo votar, no porque tenga ganas de votar, sino porque es mi derecho como ciudadano de los Estados Unidos. Quienes no son ciudadanos no tienen ese derecho. Cuando Joan tenía una tarjeta verde antes de convertirse en ciudadana naturalizada de los Estados Unidos, tenía casi todos los privilegios que yo tenía como ciudadano, excepto que no podía votar. Ella no podía decidir quien en nuestra nación estaba en autoridad y poder. Ese derecho es de los ciudadanos.

NUESTRA CONSTITUCIÓN ESTABLECE NUESTROS DERECHOS

Todos los derechos que usted y yo tenemos están establecidos por la Constitución de los Estados Unidos, incluida la Declaración de Derechos, que son las primeras 10 enmiendas de la Constitución. Explica en detalle los derechos de los estadounidenses en relación con su gobierno, cosas que tenemos como ciudadanos que podemos esperar que el gobierno cumpla por nosotros. Son inherentes a nosotros porque somos ciudadanos.

La Constitución no es un documento religioso. Es una declaración gubernamental que Dios patrocinó para darnos ciertos derechos inalienables. Vivimos y dependemos de los derechos establecidos por ese documento.

De manera similar, como ciudadanos del Reino de Dios, nuestra constitución es la Palabra escrita de Dios: la Biblia. A lo largo de sus páginas, Dios registró todo lo que necesitamos para vivir de acuerdo a su voluntad. Explica en detalle nuestros derechos y responsabilidades como ciudadanos del reino, incluidas las cosas que podemos esperar que el gobierno de Dios haga cumplir para nosotros.

LOS CIUDADANOS EN EL REINO DE DIOS VIVEN POR DERECHOS

¿Cuáles son algunos de los derechos que tenemos como ciudadanos del Reino de Dios? ¿Cuáles son algunas de las cosas que se han comprado? ¿Cuáles son algunas de las cosas que han sido tomadas en nuestro nombre? ¿Cuáles son algunas de las cosas que se han establecido?

Tenemos derecho a la sanidad física. Es un derecho, no una casualidad. No es algo aleatorio donde Dios está de buen humor un día y tiene ganas de sanar a ciertas personas. Escúchame: tenemos sanidad en nuestra nación, el Reino de Dios, porque es un derecho inherente como ciudadanos. Este es nuestro plan de salud. No es cualquier seguro médico. Es la Cruz Roja de Cristo. Aleluya. Cuando comprendemos completamente nuestros derechos, no le pedimos a Dios que nos sane; ya tenemos sanidad como ciudadanos. Es la responsabilidad de Dios proveer eso para nosotros.

Ahora, escribir así puede poner a la gente un poco nerviosa porque parece que estoy diciendo que podemos exigirle a Dios. Bueno, caramba... me descubriste. ¡Absolutamente podemos exigirle a Dios! ¿Por qué? Porque Dios dijo: "Puedes ponerme esta exigencia. Como tu Rey, te garantizo el derecho a la sanidad. Por las llagas de Jesús fuisteis sanados". De hecho, ¡lo dijo dos veces!

y por sus llagas fuimos nosotros curados.

Isaías 53:5

Por su herida habéis sido sanados.

I Pedro 2:24

Jesús compró la sanidad para el Cuerpo de Cristo y la hizo parte de nuestra cultura del Reino de Dios. Ese derecho a la curación nos pertenece. Cuando imponemos las manos sobre alguien que está enfermo, no le estamos pidiendo a Dios una experiencia religiosa. No estamos pidiendo una experiencia espiritual. Estamos pidiendo un derecho del Reino al ser invocado por la sangre de Jesús, uno que alinee a ese hijo o hija, ese ciudadano, con los derechos que él o ella tiene porque es un ciudadano del Reino.

LAS PALABRAS LLEVAN EL PESO DE LA NACIÓN

Alguna vez has notado cómo, cuando Jesús habló, sucedieron cosas?

***

Jesús: "¡Lázaro, ven fuera!"

Lázaro: "¡Vaya! ¡Acabo de tener el sueño más increíble de mi vida!"

***

Jesús: "¡Paz! ¡Estate quieto!"

Mar de Galilea: "Lo siento, Jesús. Sólo estaba divirtiéndome un poco."

***

Jesús: "Muy bien. Tiren la primera piedra."

Acusadores: "Nos vamos de aquí."

Mujer: "¡Guau!"

***

Jesús gobernó con sus palabras. Cuando habló a las personas, fueron sanadas, cobraron vida, fueron perdonadas. Todo acerca de Jesús trajo vida al arrepentido y convicción al obstinado.

Miremos Mateo 8, donde Jesús se encuentra con un centurión cuyo sirviente estaba paralítico.

Al entrar Jesús en Capernaum, se le acercó un centurión, que le rogaba diciendo: Señor, mi criado está postrado en casa, paralítico, gravemente atormentado. Jesús le dijo: Yo iré y lo sanaré. Respondió el centurión y dijo: Señor, no soy digno de que entres bajo mi techo; solamente di la palabra y mi criado sanará, pues también yo soy hombre bajo autoridad y tengo soldados bajo mis órdenes, y digo a éste: "Ve", y va; y al otro: "Ven", y viene; y a mi siervo: "Haz esto", y lo hace. Al oírlo Jesús, se maravilló y dijo a los que lo seguían: De cierto os digo que ni aun en Israel he hallado tanta fe. Os digo que vendrán muchos del oriente y del occidente, y se sentarán con Abraham, Isaac y Jacob en el reino de los cielos; pero los hijos del reino serán echados a las tinieblas de afuera; allí será el lloro y el crujir de dientes. Entonces Jesús dijo al centurión: Vete, y como creíste té sea hecho. Y su criado quedó sano en aquella misma hora.

Mateo 8:5-13

Siguiendo la historia, vemos a un centurión que se acercó a Jesús implorándole que curara a su siervo. Solo que este hombre tenía un problema: no era ciudadano de Israel. Aún así, era un líder militar a cargo de un centenar de hombres que, por cierto, estaban ocupando Israel. Claramente, el centurión sabía algo acerca de la autoridad.

Primero, llamó a Jesús "Señor". Cuando te diriges a alguien como Señor, te estás sometiendo a él como la persona a cargo. La palabra Señor significa "dueño". Es lo mismo que la palabra hebrea Adonai, que significa "dueño, alguien que tiene autoridad en un reino, alguien que posee algo, tiene derecho a algo."

El centurión dijo: "Dueño, mi siervo yace paralítico en casa, terriblemente atormentado".

La respuesta de Jesús fue inequívoca. "Yo vendré y lo sanaré."

Ahora, solo para tener una idea, Jesús no estaba evaluando al centurión. No le hizo una serie de preguntas. Él no dijo: "Tú eres romano. Yo voy a ir; soy llamado a los judíos. Amigo, primero son los judíos, luego los gentiles. Especialmente para ti, un tipo musculoso con una falda de tiras de cuero y un pectoral de latón.

Este centurión entendió que el Reino de Dios no se trataba de una experiencia espiritual religiosa. Se trataba de la autoridad transmitida por palabras, expresando nuestra fe

Pudo haber dicho todo eso y aun así haber estado en sus derechos como Hijo de Dios. Pero no lo hizo. Él dijo: "Iré".

¿Por qué? Porque Jesús sabía que podía sanar al sirviente si estaba en la habitación con él, probablemente solo sin que interfiriera la incredulidad de nadie. Pero fíjate, cuando Jesús dijo: "Iré y lo sanaré", hizo una promesa. Él no dijo, "Vamos a darle una oportunidad a esto, ponerse de acuerdo en oración—tú en latín y yo en arameo—y veremos qué quiere hacer el Padre hoy."

Eso es lo que haría la religión. Eso no es lo que hizo Jesús. Él dijo: "Iré y lo sanaré". Caso cerrado. Muéstreme el camino, Sr. Centurión.

Sin embargo, el centurión objetó:

" Señor, no soy digno de que entres bajo mi techo, pero solo di la palabra y mi siervo sanará. Porque soy un hombre bajo autoridad, con soldados debajo de mí. Y le digo a este, vete. Y va y a otro viene y viene, y a mi esclavo, hace esto y lo hace."

Cuando Jesús escuchó esto, se maravilló. "En verdad os digo que no he encontrado una fe tan grande en nadie en Israel…". Podríamos leerlo así: "No he encontrado una fe tan grande ni siquiera entre el pueblo del pacto."

Este centurión entendió que el Reino de Dios no se trataba de una experiencia espiritual religiosa. Se trataba de la autoridad transmitida por palabras, expresando nuestra fe. "Solo di la palabra, Jesús, y mi sirviente estará bien". Eso lo dijo todo.

¿Por qué Jesús estaba viendo una fe que no había visto en Israel? Porque Jesús no estaba hablando con un fariseo o un saduceo. No estaba hablando con un gobernante del templo. No estaba hablando con un judío educado en la antigua doctrina religiosa. Estaba tratando con un hombre del gobierno que entendía la autoridad. El centurión entendió lo que sucede cuando alguien con autoridad, en este caso, el dueño, da una orden. Las cosas se hacen. *Quítate del camino, diablo.*

3

Cultura

CUANDO HABLAMOS DE CULTURA, ¿Qué queremos decir? Comencemos con la definición generalmente aceptada.

> *La cultura son las creencias recurrentes, las formas sociales y los rasgos materiales de un grupo racial, religioso o social.*
>
> Diccionario Merriam-Webster.com

ESTAMOS LLAMADOS A IMPACTAR LA CULTURA DE LAS NACIONES. ¿Cómo los impactamos? Con nuestra cultura, la cultura del Reino. Sin embargo, no estamos hablando de cultura en términos de raza. Estamos hablando del *ethnos* de las naciones.

Ethnos se refiere al" grupo étnico." No tiene nada que ver con el color del polvo que Dios usó para formar al pueblo. Todos sabemos que la tierra tiene en diferentes tonos. Barro marrón, barro amarillo, barro pálido: todo es tierra. Nuestro *ethnos* nuestro grupo; nuestra forma social tiene muchas expresiones de color. Desde el pálido europeo hasta el rico mineral volcánico obsidiana africano y todos los hermosos tonos intermedios. En el Reino, sin embargo, no vivimos la vida por el color de nuestro polvo.

Somos familia, todos nosotros. Cuando vivimos por el color de nuestro polvo, o peor aún, cuando juzgamos a los demás por el color de su polvo, estamos viviendo fuera de la cultura del Reino de Dios. El racismo es feo e incorrecto. Cuando nos referimos al *ethnos* de naciones, nos referimos a un grupo nacional de personas.

Las culturas existen dentro de las culturas. Existe una cultura estadounidense; pídale a cualquier europeo que se la describa. (Pensándolo bien, mejor no.) Sin embargo, dentro de la cultura de los Estados Unidos hay muchas subculturas... y hay muchas subculturas dentro de esas subculturas, y así sucesivamente, innumerables.

En nuestra nación del Reino de Dios, nuestro *ethnos* abarca una sola cultura. No hay lugar para las subculturas. ¿Por qué? Porque todos en el Reino de Dios son familia directa. No hay primos en el reino. No hay extranjeros en el reino. Todos en el Reino son hijos o hijas. Eso elimina las subculturas en este caso. Entonces, cuando nos miramos unos a otros, no podemos juzgarnos por ningún otro estándar.

La religión trata de hacer eso preguntando:

- ¿Cuánto tiempo oras al día?
- ¿Cuánto das cada mes?
- ¿Con qué frecuencia lees tu Biblia?
- ¿Oras en lenguas?
- ¿Usted bautiza a los niños pequeños?
- ¿Tus infantes oran en lenguas?
- ¿Lees la Biblia Reina Valera de 1960?
- ¿Tu esposa usa maquillaje?
- ¿Tu esposo usa maquillaje?
- ¿Alguna vez has visto una película con clasificación R?
- ¿Alguna vez tu perro ha visto una película clasificada R?

Honestamente, podría llenar el libro con estos y otros 8 millones de estándares de la O.I.R. (Oficina de Investigaciones Religiosas). Interesante, sin embargo, cómo las mismas personas que desacreditan la política de identidad de la izquierda son las mismas que... oh, no importa.

Basta decir que estos son ejemplos de las subculturas que la religión intenta crear. Así que, en el Reino de Dios, evitemos tal comportamiento de división. Somos hijos o hijas. Ciertamente, tenemos rasgos únicos. Pero estos son para resaltar el genio creativo de Dios. Le encanta la variedad. Cada uno de nosotros es único... ¡cómo todos los demás!

EQUIPADO PARA EL SERVICIO

Tendemos a juzgar a los demás basándonos en las cosas materiales: riqueza, estatus, nivel de vida. El hecho de que alguien parezca tener más de lo que tú tienes no significa que sea más importante que tú. Dios nos bendice con cosas que son adecuadas para nuestra tarea. A medida que varían las asignaciones, también varían nuestros recursos de Dios.

Alguien me dijo una vez: "Greg, necesitas un jet".

"Estoy de acuerdo. Necesito un jet."

"¿Eso es una necesidad o un deseo?" ellos preguntaron.

"Es una necesidad. Creo en eso con todo mi corazón. Y creo que un Gulf Stream 650 XL se dirige hacia mí algún día muy pronto. Junto con el dinero para mantenerlo y pagar a los dos pilotos que se necesitan para volarlo. Amén."

"Greg, ¿por qué necesitas eso?"

"Porque viajamos mucho y reduciría a la mitad el tiempo de viaje que pasamos esperando en los aeropuertos.
Podríamos hacer más con ese tiempo."

Las cosas que Dios trae a nuestra vida tienen que ver con nuestras asignaciones.

Cada uno de nosotros es una parte diferente del Cuerpo de Cristo, y diferentes partes requieren cosas diferentes para contribuir a la función del todo en común. Entonces, no podemos mirar a alguien según el estándar de este mundo que dice: "Bueno, tienen más, entonces deben ser mejores que yo."

No, tienen lo que exige su asignación. Alguien más podría tener menos. Sin embargo, tienen todo lo que su asignación requiere.

Algunos de nosotros solo necesitamos una computadora portátil. Otros necesitan un Jeep con tracción en las cuatro ruedas para atravesar los senderos de la jungla. Conozco personas con casas grandes que tienen el don de la hospitalidad. Y conozco ermitaños que pasan sus días aislados en oración y estudio; estas personas son felices con una caja de cartón con una caja de galletas de vainilla.

Dios no es un rey que ofrece igualdad de oportunidades en la forma en que el mundo piensa en igualdad. No le interesa que todos lleguen a la meta al mismo tiempo. Cada uno llegaremos allí en nuestro tiempo... que es el tiempo de Dios. Es un rey que distribuye sus riquezas y provisiones de acuerdo con su asignación y administración. A medida que demostremos fidelidad con poco, Él nos hará señorear sobre mucho más. Todo en nuestra vida se centra en las asignaciones: lo que Dios nos ha llamado a hacer.

COMPONENTES DE LA CULTURA

La cultura se compone de una multitud de cualidades, entre ellas: rasgos materiales, rasgos raciales, rasgos religiosos y rasgos sociales. Abarca las características de la existencia cotidiana: las diversas formas de vida compartidas por personas en el mismo lugar y tiempo. Piense en la hora del desayuno en todo el mundo. En Hawái, están comiendo spam musubi. En Filipinas, es balut y pescado seco. Los alemanes se dan un festín de queso y pescado frío. (Eso explica su disposición amena). En Mississippi, de donde soy, estamos desafiando a nuestros cardiólogos con sémola con mantequilla, huevos fritos y jamón, y suficiente café ¡para alimentar el valle de Tennessee!

> *Dios no es un rey que ofrece igualdad de oportunidades en la misma forma en que el mundo piensa en igualdad*

El mundo es una gran evidencia de lo que se necesita para que las personas existan en diferentes lugares del mundo. Se necesita tener más recursos para vivir en Franklin,

Tennessee que en Tunica, Mississippi, el condado mas pobre de la nación. La gente en Tunica está haciendo lo que tiene que hacer para salir adelante. Están viviendo, comiendo, aprendiendo, creciendo y criando familias. Pero la cultura se ha escalado de una manera que lo hacen de manera diferente a la gente en Franklin, Tennessee. ¿Por qué?

Cuesta más vivir en Franklin. Comestibles, vivienda, transporte. Las cosas costaban aún más cuando vivíamos en Hawai. Cuando nos fuimos hace varios años, un galón de leche costaba $10. Un bollo de pan costaba $6,50. Ni siquiera era el pan fino con todos los pequeños granos encima. Este era un pan blanco delgado con agujeros grandes por los que se caería la mayonesa si lo untaba demasiado. La vida es más cara en Hawai. Se necesitan de tres a cinco familias viviendo en una casa para sobrevivir. Y eso no es una mega mansión. Podría ser una casa de 2,000 pies cuadrados donde cada familia tenga un dormitorio. Esa es su área para vivienda.

Ahora, tú y yo no podemos pensar en vivir así aquí. ¿Por qué? Porque no tenemos que vivir de esa manera en el lugar en donde estamos. Sin embargo, otras culturas han sido llevadas a condiciones donde es necesario adaptarse. Por lo tanto, hay una cultura hawaiana, una cultura de Franklin y una cultura de Tunica, Mississippi. Incluso hay culturas dentro de nuestras culturas aquí sobre la forma en que las personas viven, proveen, crecen y hacen la vida. Hay cultura moderna y hay buena cultura sureña antigua. Algunas culturas son un poco toscas. Entras en el barrio en un centro de la ciudad en algún lugar, no puedes actuar como si fueras de Mayberry, Carolina del Norte. Podrías morir. *¿Por qué me sonríes? Será mejor que quites esa sonrisa de tu cara. No tienes por qué sonreírme.*

Las actitudes son diferentes. Incluso dentro de Kingdom University (una escuela que Joan y yo fundamos), hay diferentes culturas y diferentes campus. Algunas personas llaman desde los campus y están felices de hablar contigo. Se comportan como los mejores amigos de Joan por teléfono y ella nunca los ha conocido. Otros llaman con otra actitud. "¿Dónde están mis cosas?"" ¿Van a venir mis cosas? Las quiero ahora" <CLICK!> No es nada personal. Así es como tratan a las personas.

El sur tiene una cultura. El norte tiene una cultura. El nordeste tiene una actitud. Dentro de nuestra nación, hay tantas culturas diferentes. Nosotros, como estadounidenses, tenemos una actitud de orgullo, y es un orgullo saludable. Vas a Texas y es un poco más intenso. Están orgullosos de ser estadounidenses, pero más orgullosos aun de ser tejanos. E incluso si se mudan de Texas, verás una estrella colgada en la pared de la sala de estar y un par de botas de bronce en el umbral ("Sí, esas eran del bisabuelo"). No importa a dónde vayamos, Joan y yo manejamos por todo el país y porque se distinguen decimos: "Ahí vive un tejano. Si necesitamos ayuda allí podríamos obtenerla."

Hay todo tipo de culturas dentro de Estados Unidos. Sin embargo, en nuestro mejor momento, nos enorgullece ser estadounidenses. Puede que tengamos diferencias en nuestra política y forma de vida, pero cuando se trata de ser estadounidenses, somos uno solo. Lucharemos unos con otros y lucharemos unos por otros. Que esto permanezca para siempre. Gloria a Dios.

ACTITUDES EN EL REINO

> *No es que los corazones de los ciudadanos no importen. Ellos absolutamente importan. Pero que el corazón del rey nos une a todos*

En el Reino de Dios habrán diversas actitudes, pero hay un solo rey. Es su actitud lo que nos une a todos. En un reino, a diferencia de una república constitucional que tenemos en Estados Unidos, el corazón del rey prevalece sobre los demás corazones. No es que los corazones de los ciudadanos no importen. Ellos definitivamente importan. El corazón del rey nos une a todos.

En este Reino, nuestro padre es el rey y todos en el Reino son hijos o hijas. En última instancia, el rey es dueño de todo. Incluso si su ejército invadiera, es como si él invadiera. Cuando el ejército de un rey sale y derrota a una ciudad u otra nación, el rey la derrota.

Esto es muy diferente de lo que enseña la religión. Nuestra vida en el Reino de Dios no se trata de nuestra secta del cristianismo. No, se trata de lo que quiere el rey.

En la Biblia, la palabra *Cristiano* nunca se usa de manera positiva. Además, Dios nunca se refiere a los creyentes como cristianos. Pablo nunca se refirió a nosotros directamente como cristianos. Solo se refirió a como los paganos nos llamaban. ¿Cómo se refiere Dios a nosotros en la Biblia? Él nos llama hijos e hijas. Nos llama ciudadanos, reyes, sacerdotes y embajadores... incluso una generación peculiar (según Reina Valera).

¿Qué significa literalmente la palabra *Cristianismo*? Cuando la mayoría de la gente piensa en el cristianismo, piensa en las diversas divisiones del cristianismo. ¿Y por qué no? ¿Qué comprende el cristianismo? Tenemos católicos romanos, bautistas, metodistas, presbiterianos, episcopales, iglesias congregacionales, pentecostales y cientos de variantes de estos. Tenemos gente que bebe, gente que aborrece beber, gente que baila, gente que brinca y gente que jura que son los únicos que van al cielo. Incluso tenemos personas cuyos servicios religiosos incluyen beber veneno y manipular serpientes venenosas. Lo hacen en obediencia —así lo creen— a las palabras de Jesús:

> *Estas señales seguirán a los que creen: En mi nombre echarán fuera demonios, hablarán nuevas lenguas, <u>tomarán serpientes en las manos y, aunque beban cosa mortífera, no les hará daño</u>; sobre los enfermos pondrán sus manos, y sanarán.*
>
> Marcos 16:17-18

Menos mal que Jesús incluyó la imposición de manos sobre los enfermos, ¿verdad? Esos tipos realmente necesitan esa promesa. (Ah, y también la promesa de resucitar a los muertos.)

¿Se supone que el cristianismo debe de estar tan fragmentado? ¿Es así como Dios lo diseñó? No, ciertamente no. No debe haber división. Sin embargo, si hacemos del cristianismo una religión, se dividirá. ¿Por qué? Porque la religión se organiza en torno a la doctrina, es decir, a los sistemas de creencias. ¡Cree de esta manera y eres parte!¡*Excelente! Estoy dentro.* Pero... no creo de esta manera y... bueno, creo que ahora ya estás afuera. *Caramba; ahora tengo que buscar otra iglesia.*

Entre las denominaciones cristianas, las que logran permanecer juntas por más tiempo se organizan en torno a una estructura familiar. En una palabra: relación. Esto es diferente a organizarse en torno a la doctrina. Como con cualquier familia, tu hermana es tu hermana sin importar si tiene armas y practica taxidermia en el sótano, o usa flores en el cabello, se muda a California y deambula por las calles agitando con un letrero: "¡Salva a las ballenas bebés para Jesús!"

El Reino que Jesús vino a establecer está basado en relaciones. Comienza con una relación con el Padre, el "Rey", quién es la razón de este dominio.

Cuando tratamos al cristianismo como una religión, lo colocamos en la misma categoría que el hinduismo, el islamismo, el budismo, el taoísmo y el sijismo. Sorprendentemente, las personas que han estado en esas religiones dicen que el cristianismo es el mejor. (Algunos dicen que es el único).

> *La religión se organiza en torno a la doctrina. El reino está basado en la relación*

¿Qué hace que el cristianismo centrado en el Reino sea diferente? Para empezar, no estamos en una secta religiosa. Somos parte de una nación; es un país llamado cielo donde encontramos el Reino de Dios. Además, adoramos a un rey que habita con nosotros y dentro de nosotros. No adoramos a una deidad en el cosmos. Podemos tener diversas expresiones de adoración, pero hay un enfoque que culmina en una expresión unificada, y esa es la adoración de los reyes al Rey.

Esto es más que solo ir a la iglesia el domingo, cantar algunos himnos, un coro o dos de Kumbayá— *"Toma la mano de la persona que está a tu lado"*—y salvar a algún pobre pecador en el altar. (El mismo tipo que se salva cada semana). Eso no es un servicio para adorar. Ese es un servicio para cantar.

Tal vez el predicador comparta un mensaje inspirador de las Escrituras. Pero de la manera que nos llega la palabra es muy importante. ¿Llegó a través de los canales correctos? ¿Es correcta la interpretación? ¿Es verdad? ¿Está acorde al resto de la Biblia? La escritura en las manos correctas es dinamita. En las manos equivocadas, sigue siendo dinamita. Solamente que te llevará más pronto al reino venidero.

EL MURO DE LA REALIDAD

Los peores aspectos de la religión y los mejores aspectos del Reino de Dios tienen una fuente común: la humanidad, tienen la misma fuente. La diferencia es el enfoque. Si perdemos nuestro enfoque en el Rey, comenzaremos a crear una religión antes de que nos demos cuenta.

Ciertamente, todo lo que hemos hecho en el pasado no estuvo mal. Hubo muchas cosas buenas que se derivaron de las denominaciones religiosas. Estaban haciendo lo mejor que podían con lo que tenían. Nací de nuevo bajo esa estructura. Doy gracias a Dios por la iglesia bautista. Es donde recibí el llamado de Dios en mi vida. Pero no me podía llevar más allá de esa iglesia local. Todo lo que tenía que esperar como resultado del día de mí salvación era ir al cielo. Todo lo que pasaba entre la salvación y el cielo era una prueba, una tortura, un examen, algo que tenía que soportar para llegar al cielo. El objetivo era escuchar a Dios decir: "¡Greg lo logró! ¡Entra, muchacho!"

Sin embargo, cuando dije la oración y fui bautizado, me dijeron que automáticamente me salvaría y que iría al cielo a pesar de todo. Así que... tengo la garantía de que iré al cielo, pero todavía tengo que esforzarme mucho para asegurarme la entrada? Era una confusión.

En cualquier observancia cristiana, tenemos que examinar las cosas que hacemos y decimos para asegurarnos de que se alineen con la Constitución, no de Estados Unidos sino del Reino de Dios. Y, si crees que es fácil, piénsalo de nuevo. Necesitamos una base estable antes de que podamos siquiera hablar sobre el Reino de Dios. Es un paradigma totalmente diferente de lo que la mayoría de nosotros hemos sido criados. Nos enseñaron que estamos en una religión llamada cristianismo y el signo de nuestra religión es la cruz.

En realidad, estamos en un gobierno, un reino, y la señal de nuestro reino es una corona. Eso es más apropiado para la obra que Dios ha hecho. No somos creyentes porque Jesús murió en la cruz. Tampoco somos creyentes porque resucitó de la tumba. Más bien, somos creyentes porque él fue coronado y sentado a la diestra del Padre. La cruz y la resurrección lo llevaron allí, pero fue el destino final de la corona lo que nos hace quienes somos hoy. No puede haber un reino sin un rey. Somos hijos del Rey. Y estamos sentados con él en los lugares celestiales.

> *...aun estando nosotros muertos en pecados, nos dio vida*
> *juntamente con Cristo (por gracia sois salvos). Juntamente*
> *con él nos resucitó, y asimismo nos hizo sentar en los*
> *lugares celestiales con Cristo Jesús*
>
> Efesios 2:5-6

No podríamos estar sentados con él en los lugares celestiales si él no se hubiera sentado primero.

Juan 3:3 es el versículo de "entrar en el Reino de Dios", la experiencia de nacer de nuevo. Jesús es la entrada.

> *Le respondió Jesús: De cierto, de cierto te digo que el que*
> *no nace de nuevo no puede ver el reino de Dios*
>
> Juan 3:3

Jesús le dijo: Yo soy el camino, la verdad y la vida; nadie viene al Padre sino por mí."

Juan 14:6

Somos creyentes porque Jesús fue coronado y sentado a la diestra del Padre

No hay otro camino hacia el Reino de Dios excepto a través de Jesús y la experiencia del nuevo nacimiento. La única manera de entrar al reino es a través de la puerta. Si todo lo que hacemos es pararnos en la puerta, no experimentamos el interior. Todo lo que conocemos de la casa es cómo se ve desde la acera, como si fuéramos vendedores ambulantes.

Muchos en ambientes religiosos aceptan esa verdad, pero aun así te mantienen en la puerta.

Te mantienen en la cruz. Sin embargo, la cruz no era el destino de Jesús. La resurrección y la ascensión eran su destino. Porque al completar eso, el Espíritu Santo podría ser enviado de regreso a nosotros y podríamos ser restaurados a lo que él nos creó para ser: su intención original como hijos e hijas.

No podemos entremezclar la religión y el reino más de lo que podemos entremezclar el mundo y el cristianismo. No encajan. Convierte al cristianismo y al mundo en un lío. Entonces, ¿qué rayos hacemos? Bueno, hacemos lo que cualquier persona cuerda haría. Salimos de nuestra esclavitud. No diciendo "soy libre y todos ustedes están equivocados. Todos se van a ir al infierno", mientras los señalamos con el dedo.

La verdad es que la mayoría de ellos no se van al infierno. Ellos conocen a Jesús.

Nuestra responsabilidad es decir: "Oye, no solo hemos encontrado la puerta, sino que entramos y encontramos algunas habitaciones ocultas. Hemos encontrado algunos lugares en el Reino de Dios de los que no se nos había hablado antes. Ven y experiméntalo con nosotros. Ven y vive esto tan hermoso llamado Reino de Dios y deja atrás la religión que nos ha mantenido en cautiverio."

Cuando Jesús regrese, será el final de un viaje, pero el comienzo de otro viaje, tal vez una eternidad de viajes. La línea de meta será la línea de salida. Estamos en un viaje para expandir el Reino de Dios, no para expandir o traer ningún tipo de reconocimiento a ninguna forma de religión. Dónde termina ese viaje, si es que alguna vez termina, solo Dios lo sabe.

> *Cuando Jesús regrese, será el final de un viaje, pero el comienzo de otro...*

¿Alguna vez notó cómo termina la Biblia? ¿Cuándo regresa Jesús? ¿Y hay un cielo nuevo y una tierra nueva? ¿Todas esas cosas? Mira de cerca:

Después me mostró un río limpio, de agua de vida, resplandeciente como cristal, que fluía del trono de Dios y del Cordero. En medio de la calle de la ciudad y a uno y otro lado del río estaba el árbol de la vida, que produce doce frutos, dando cada mes su fruto; y las hojas del árbol eran para la sanidad de las naciones.

Apocalipsis 22:1-2

Ahora déjame preguntar: ¿Para qué es el árbol de la vida? *Para la sanidad de las naciones.* ¡Bien! Está continuamente produciendo hojas para la sanidad de las naciones. Ahora, si todo ya estaba hecho, y era el fin de nuestro viaje, ¿por qué la sanidad todavía es necesaria? ¿por qué las naciones aún requieren sanidad? Claramente, un nuevo viaje aguarda. A esto lo llamamos un ascenso. C.S. Lewis lo expresó: "Hacia adelante y hacia arriba."

VALORES, METAS, PRÁCTICAS DEL REINO

Verdad

La religión permitirá un poco de verdad. El reino proporciona toda la verdad. Estamos descubriendo la verdad diariamente, descubriendo temas que Dios está revelando, sacando obstáculos de nuestras vidas y trabajando otros factores en nosotros mismos. Hay cosas que debemos hacer y otras que debemos de dejar de hacer. No hemos llegado, pero estamos en camino.

A través de la influencia del Espíritu Santo, nuestras vidas están promoviendo un conjunto de valores, impactando a una generación que busca la misma fuente de nuestro Padre. ¿Cuáles son algunos de los valores del Reino de Dios?

Amor

El amor es un valor. ¡Mostramos el Reino de Dios cuando nos amamos unos a otros, especialmente a los que nos persiguen, que dicen toda clase de mal contra nosotros! ¡Nosotros los amamos!

"Oísteis que fue dicho: "Amarás a tu prójimo y odiarás a tu enemigo." Pero yo os digo: Amad a vuestros enemigos, bendecid a los que os maldicen, haced bien a los que os odian y orad por los que os ultrajan y os persiguen, para que seáis hijos de vuestro Padre que está en los cielos"

Mateo 5:43-45

Este amor del que habla Jesús tiene que ser experimentado antes de poder ser dado. No es un amor carnal; no es transaccional. *Te doy para que me des.* Más bien, es el amor de un padre perfecto que invade tu vida, haciendo que no solo seas amado sino que sepas que eres digno de amor. Mira, puedo decirte que eres amado, incluso que te amo, pero eso solo me establece como la fuente. Sin embargo, si te digo que eres digno de amor, y si me crees, te abres al amor mismo. Juan nos dijo que Dios es amor. Entonces, al aceptar que eres digno de amor, le das acceso a Dios a tu vida. No es poca cosa para una vida de oscuridad.

El amor tiene una forma de propagarse. Sabemos que estamos experimentando el amor verdadero, el amor de Dios, cuando todo lo que queremos hacer es amar a los demás. ¿Amén? Especialmente otros que son diferentes a nosotros; otros que están predispuestos a no gustarnos; otros que quieren debatir y discutir con nosotros, como si al menospreciarnos se aliviara la presión que sienten para admitir esta luz en sus propias vidas.

Comienza con una sonrisa. Ámalos y deja que Dios haga el resto.

Gracia

La gracia es un valor. Es empoderamiento. Es un derecho

La gracia es diferente a la misericordia. Misericordia es cuando recibimos lo que no merecemos, como que nos detengan por exceso de velocidad cuando vamos de camino a una reunión y el policía nos deje ir con una severa advertencia. Gracia es cuando el policía nos da un billete de cien dólares para pagar la gasolina y que nos lleva a la reunión.

Moralidad

Cada cultura tiene una moral. Sin moral, reina el caos y, en última instancia, se produce destrucción. La supervivencia del mas apto se convierte en la ley del país.

Muchas personas conservadoras quieren ciertos valores morales en nuestra nación, pero todo lo que escuchamos es: no se puede legislar la moralidad. Bueno, si puedes. De hecho, la gente lo hace todo el tiempo.

El matrimonio es un sacramento entre un hombre y una mujer. Está sujeto a una norma moral. Y esa distinción se está legislando, a favor o en contra, en varios lugares del país.

Proteger la vida en el útero es una acto moral. Nuevamente, las guerras culturales lo tienen en ambos sentidos, legislando protecciones y legislando el derecho a destruir a un niño que no ha nacido. Están legislando la moralidad en esa área.

Si se pueden promulgar leyes para preservar el derecho a cometer actos inmorales, entonces esas leyes pueden ser reemplazadas por leyes para garantizar los actos morales.

Hay muchos otros valores que tenemos en el Reino de Dios que debemos expresar. Tienen una correlación directa con la manifestación de tu actitud. Los valores harán que se expresen las actitudes.

OBJETIVOS DEL REINO

Cada cultura tiene metas. El objetivo en Estados Unidos, hipotéticamente, es crear una cultura en la que todos puedan vivir el sueño americano. Esto significa igualdad de oportunidades en medio de una cultura igualitaria. Todo el mundo tiene la oportunidad de una vida próspera. El trabajo duro es recompensado. Los medios de producción quedan en manos de la población, no del gobierno.

> *La gracia es un valor. Es empoderamiento. Es un derecho*

En el Reino de Dios, las metas no son nuestras metas en el sentido de que no son solo para nosotros. Deben alinearse con los objetivos del Rey. Como ciudadanos, nuestra responsabilidad es manifestar las metas del cielo en la tierra. Estamos llamados y equipados para hacer cosas en esta extraña cultura llamada *mundo*.

Considerando todo esto, podemos concluir que Dios está claramente interesado en este mundo.

> *Dios no envió a su Hijo al mundo para condenar al mundo, sino para que el mundo sea salvo por él. El que en él cree no es condenado; pero el que no cree ya ha sido condenado, porque no ha creído en el nombre del unigénito Hijo de Dios. Y ésta es la condenación: la luz vino al mundo, pero los hombres amaron mas las tinieblas que la luz, porque sus obras eran malas.*
>
> Juan 3:17-19

PRÁCTICAS DEL REINO

¿Cuáles son las prácticas de nuestra cultura? No robamos. ¿Es así? No tomamos el clip para papel de la oficina con el que nuestro jefe usó dinero de la compañía para comprarlo. No lo llevamos a casa y sujetamos nuestro correo junto con él. Bueno, es sólo un clip para papel. Aún así, ¿cómo lo llamamos? ¿Ratería? ¿Préstamo? Un pagaré? Si... lo robaste.

Hay muchas prácticas en el Reino, muchas de las cuales no se alinean con la cultura de este mundo actual. En el Reino, es ilegal cometer adulterio. En el mundo, se celebra. (En cualquier momento inventan el Día Nacional del Adulterio). Es ilegal robar o asesinar en el Reino. En el mundo, algunas formas de robo y asesinato se anuncian como derechos, como la marca mas alta de la libertad personal. Por eso estamos en el mundo pero no somos del mundo. Pablo dijo a la iglesia de Corinto;

> *No sabéis que los injustos no heredarán el reino de Dios? No os engañéis: ni los fornicarios, ni los idólatras, ni los adúlteros, ni los afeminados, ni los homosexuales, ni los ladrones, ni los avaros, ni los borrachos, ni los maldicientes, ni los estafadores, heredarán el reino de Dios. Y esto erais algunos de vosotros, pero ya habéis sido lavados, ya habéis sido santificados, ya habéis sido justificados en el nombre del Señor Jesús y por el Espíritu de nuestro Dios.*
>
> 1 Corintios 6:9-11

¿Los injustos no heredarán el Reino de Dios? Ok, no hagamos esas cosas.

Uno de los problemas que tenemos es tratar de traer la cultura del mundo a la cultura de nuestro Reino, con la esperanza de que esté bien. *Todo irá bien. Dios me entiende. Tengo una necesidad.* Bueno, ahora le estás quitando la responsabilidad de proveer para tus necesidades.

Para ser sincero, todos luchamos con esto. ¿Puede una persona realmente trabajar en una alcantarilla todo el día, llegar a casa y no oler mal? Ninguno de nosotros sabe vivir perfectamente. Todos nos esforzamos. Considere Filipenses 3:12-14:

> *No que lo haya alcanzado ya, ni que ya sea perfecto; sino que prosigo, por ver si logro asir aquello para lo cual fui también asido por Cristo Jesús. Hermanos, yo mismo no pretendo haberlo ya alcanzado; pero una cosa hago:*

olvidando ciertamente lo que queda atrás y
extendiéndome a lo que está delante, prosigo a la meta, al
premio del supremo llamamiento de Dios en Cristo Jesús.

CARACTERIZACIONES DE LA CULTURA

¿Cuáles son las características de este gobierno que Dios nos ha dado como ciudadanos del Reino? Comencemos con las tres reglas:

1. Todo está hecho *por* el Rey.
2. Todo está hecho *para* el Rey.
3. Todo le pertenece *al* Rey.

Aquí hay una historia de misioneros en Marruecos, un reino en África. Un día, el rey de Marruecos estaba usando el tren. Unos misioneros estaban en la estación de tren, esperando durante horas. El servicio de trenes solía ser puntual, pero ese día estuvieron de pie todo el día y, como estadounidenses, se impacientaron un poco. (Oye, la impaciencia es nuestro tesoro nacional, como los perros calientes en un partido de beisbol).

Descargando su frustración en el mostrador de boletos, los misioneros preguntaron dónde estaba el tren. El marroquí les dijo que el rey estaba usando el tren ese día. Los misioneros dijeron: "¿No sabe el rey que necesitamos llegar a lugares? Necesitamos el tren también."

" No entienden", respondió el marroquí. "Es el tren del rey. Son las vías del rey. Podemos usarlo cuando él no lo está usando".

Así es en el Reino de Dios. Son las vías de Dios y el tren de Dios. ¡Todo en esta nación del cielo pertenece a Dios!

Seamos muy claros: ¡Todo en el Reino pertenece a Dios!

¿Recuerdas cuando unos fariseos le preguntaron a Jesús si era lícito pagar impuestos al César?

"Es lícito dar tributo a César, o no? ¿Daremos, o no
daremos? Pero él, percibiendo la hipocresía de ellos, les
dijo: ¿Por qué me tentáis? Traedme un denario para que lo

vea. Ellos se lo trajeron; y él entonces preguntó: ¿De quién es esta imagen y la inscripción? Ellos le dijeron: De César. Respondiendo Jesús, les dijo: Dad a César lo que es de César, y a Dios lo que es de Dios. Y se maravillaron de él.

Marcos 12:14-17

Jesús estaba hablando de propiedad. Debemos dar al César lo que es suyo y dar a Dios lo que es suyo. Cualquier cosa que lleve la imagen de César pertenece a César, y todo lo que lleve la imagen de Dios pertenece a Dios. Bastante simple, ¿verdad? Es su propiedad. Por supuesto, Jesús no solo estaba hablando de monedas. Hablaba de posesión. La imagen de César estaba en la moneda. La imagen de Dios está sobre ti y sobre mí y sobre todo aquel que cree en Jesucristo. Por lo tanto, Dios tiene derechos de propiedad sobre nosotros porque su imagen está sobre nosotros.

Cuando descubrí esa verdad por primera vez, me dieron ganas de correr. ¿Por qué? Porque significaba que no soy mío. No es mi imagen; es su imagen en mí lo que le da un derecho inherente a mí. Si me comporto fuera de los límites de su derecho inherente (a pesar de las frustraciones de tráfico en Nashville), estoy violando la cultura y la ley del Reino. Eso es serio. ¿Por qué? Porque a veces, me gusta salirme de los límites. A veces, como una pelota de baloncesto salvaje, solo reboto fuera de la cancha sin ayuda. Todos hacemos eso. Pero él nos vuelve a atraer. Me alegro. Mejor la corte del Rey que la corte de tránsito.

Si alguien llevara tu coche a dar un paseo, ¿qué harías? ¡Llamarías a la policía! ¿Por qué? Porque se llevaron tú propiedad sin permiso. Bueno, cuando haces algo que Dios no ha autorizado, ¿qué debe hacer Dios? Has tomado su propiedad sin autorización. Todos hemos hecho eso. La parte hermosa de la convicción es el arrepentimiento. Él es un Dios misericordioso y lleno de gracia para nosotros, pero no nos da el derecho de hacer lo que sabemos que está mal. Su misericordia está destinada a devolvernos a la potenciación de nuestros derechos ciudadanos. No los derechos para operar fuera de nuestros límites, sino la fuerza para volver a alinearse y operar a través de la gracia, el poder que nos ha sido dado a través de nuestro rey y su reino.

Cuando consideramos las características, institución y organización del Reino, nos damos cuenta que se trata de pertenencia; se trata de propiedad. Somos parte de la propiedad. Todo ciudadano es propiedad de la nación a la que pertenece, incluso los estadounidenses. Nos gusta decir: "¡Nadie me posee!" Sin embargo, sí profundizamos en nuestras leyes, veremos que somos propiedad de esta nación.

> *Dios tiene derechos de propiedad sobre nosotros porque su imagen está sobre nosotros*

Cuando nos unimos a las fuerzas armadas, ¿a quién le pertenecemos? A Tío Sam. Ya no somos de nosotros mismos. Renunciamos a nuestros derechos. Renunciamos a nuestros privilegios. Dormimos cuando nos dicen que durmamos. Comemos cuando nos dicen que comamos. Nos ponemos la ropa que nos dicen que nos pongamos. Nos cambiamos de ropa cuando nos dicen que podemos cambiarnos. Y si violamos algo de esto, no nos envían a casa. Nos mandan al calabozo, a la cárcel militar.

Como ciudadanos de Estados Unidos, podemos perder toda nuestra libertad en un santiamén. Rompe una regla seria y estaremos mirando cuatro paredes grises. Creemos que somos libres... hasta que la libertad nos es despojada. Entonces nos damos cuenta de que fue la libertad que nos dio la nación a la que pertenecemos. Esa misma nación puede hacer lo que quiera con nosotros.

El Reino es una cosa seria. La religión nos da flexibilidad. El Reino trae estructura a nuestras vidas para que podamos ser prósperos en todo lo que hacemos. Solo hay una agenda definitiva: la agenda del Rey.

La cultura y la ciudadanía son muy importantes. En algún momento en la historia de nuestra nación, Estados Unidos, la gente empezó a venir de todo el mundo y se fueron asimilando a nuestra cultura. Aprendieron a hablar inglés. No había una línea de ayuda con "Presione 1 para inglés". Presione 2 para español. Presione 3 para lenguaje de señas". Era solo inglés. Todavía es así en algunos países. Alemania, por ejemplo, da a los inmigrantes dos años para aprobar un examen de alemán y conseguir un trabajo. Si no lo haces, te expulsarán. *¡Es un hecho!*

Cuando venimos al Reino de Dios, no podemos mantener nuestra otra cultura. Tenemos que asimilarnos. El Reino de Dios tiene una lengua nativa; es el lenguaje del cielo. Se llama lenguas. ¡Aleluya! Necesitamos ese lenguaje para operar en el poder. Es el dialecto del rey.

En Kingdom University, tenemos clases de HGSL, que su significado en español es Espíritu Santo como Segunda Idioma. Siguiendo el modelo de las clases de inglés ESL que es una clase de inglés como segundo idioma. En HGSL, aprendes a hablar Reino. Es para ayudar a las personas en la transición de la religión a un lugar de idioma común del Reino.

Como en toda comunicación, nos decimos cosas unos a otros y creemos que nos entienden, pero solo hasta que definamos el significado de nuestras palabras y expresiones podremos lograr una comunicación efectiva. Por eso necesitamos saber qué *significa* ser hijo o hija, qué *significa* ser adoptado, qué *significa* ser ciudadano del reino. (Oye... tal vez alguien debería escribir un libro.)

El cristianismo está plagado de sus propios términos y frases que la gente rara vez hace el esfuerzo de definir. Tratar de sacar esas definiciones pueden ser estresantes. A la gente no le gusta cuando tocas sus vacas sagradas. Que así sea. (Me gusta mi bistec termino medio)

Mi editor, un tipo diligente, a menudo me advierte: "Greg, esto va a molestar a mucha gente. Es posible que tengamos que cambiar esto un poco".

"¡No podemos cambiarlo!" Le digo, muy decidido. "¡Tiene que ser así!"

"Vas a mover el piso", me suplica, un poco desesperado. "¡A la gente no le va a gustar!"

"Que así sea", contesto yo dando un decreto. "Tenemos que hacer esto bien. ¡Alguien tiene que poner el arado en el suelo"

Y así, mi editor responsablemente escribe: "¡Hasta las últimas consecuencias! ¡Vamos hacia adelante!" y el libro sale a la imprenta.

El concepto de adopción, de mi libro, *Filiación según el Reino*, es un buen ejemplo de una vaca sagrada de este tipo. La religión enseña que la adopción ocurre cuando nacemos de nuevo. Pero eso no es adopción del reino; eso no es bíblico. Escribí *Filiación según el Reino* para descubrir la verdad y difundirla a lo largo y ancho.

La adopción no es cuando nacemos de nuevo. Es cuando maduramos y nos asociamos con nuestro padre en el negocio del reino. Es esa comprensión cultural que proviene de preguntar:

———————————

¡Hasta las últimas consecuencias!

———————————

1. ¿Quién está hablando?

2. ¿Con quién están hablando?

3. ¿Qué significa en su cultura?

4. ¿Cómo lo aplicamos a nuestras vidas?

De Gálatas 4, sabemos que la adopción en la cultura a la que Pablo estaba escribiendo sucedió cuando el padre trajo a su hijo ante la comunidad, lo abrazó y lo sostuvo hasta que no hubo espacio entre ellos. El padre declaró: "Ahora, hoy, adopto a mi hijo". Puso un anillo en su dedo, zapatos en sus pies, una túnica sobre sus hombros y declaró: "Cuando lo veas venir, me verás venir a mí. Cuando él muestre el anillo, mostrará mi anillo. Cuando lo escuches hablar, él estará hablando por mí. Cuando compre o venda, realizará transacciones por mí."

El hijo ahora era completamente adoptado: un hombre maduro. Se le podía confiar la riqueza del padre, la tierra del padre, la herencia del padre y la visión, las metas y los sueños del padre para el negocio familiar. El hijo estaba ahora en un lugar de madurez donde no estaba haciendo las cosas solo para sí mismo, sino más bien, haciéndolas para promover la prosperidad de la familia.

¡Nuestro negocio familiar es un negocio del Reino porque nuestro papá es un rey! A medida que maduremos, nos asociaremos gradualmente en el negocio familiar. Es una cuestión de confianza. El Padre sabe hasta dónde puede confiar en nosotros. No, no porque seamos malos, sino porque estamos creciendo. Gálatas 4 nos dice que mientras el heredero sea un niño, no es diferente de un siervo. Como heredero, él es el dueño de todo. Como tal, tiene una herencia a través de su nombre. Tiene un padre, pero no se le puede dar nada que aún no pueda manejar. Esa palabra niño en Gálatas es la palabra huérfano. Está viviendo como un niño con una mentalidad de huérfano. Aun no es adoptado.

Definir nuestra terminología es vital para una comprensión más profunda. Recuerde, aquellos que controlan las definiciones de las palabras controlan el idioma y la cultura.

¿Qué entendemos por reino? La religión dice que el Reino de Dios se va a mostrar en el futuro. Pero la Biblia nos dice en Marcos que el Reino de Dios estaba en la tierra dentro de una generación de Jesús caminando por la tierra.

> *También les dijo:De cierto os digo que algunos de los que están aquí no gustarán la muerte hasta que hayan visto que el reino de Dios ha venido con poder."*
>
> Marcos 9:1

Entonces, sabemos que el Reino de Dios ha llegado... ¡y vendrá! Es una progresión. A través de nuestras vidas y viajes de descubrimiento, estamos aprendiendo cosas nuevas que establecen el Reino de Dios de una manera más grande. Se va a establecer de una manera mayor en nuestro mundo a través de nuestra esfera de influencia.

> *Definir nuestra terminología es vital para una comprensión más profunda*

Ahora, algunos de nosotros podemos experimentar el rechazo al cambio que ofrecemos, de seguro, es por el cambio que representamos. Cuando llevamos el Reino de Dios a un lugar o comunidad, puede parecer que nos están rechazando. Bueno, no nos están rechazando. Están rechazando al rey y su Reino. ¿Por qué? Por lo general, es porque la religión tiene un profundo arraigo en sus vidas. ¿Entonces qué hacemos? ¿Simplemente seguir insistiendo hasta que lo reciban? No. Escuchamos lo que dice el Padre. Si el padre dice que martillemos, decimos: "¡Envíame un martillo más grande, Señor!" Si dice que les compre una cerveza, decimos "¿Liviana, oscura o Pilsner?" Si él dice que sacudamos el polvo de nuestras sandalias y nos vayamos, decimos: "¡Pero yo no estoy usando sandalias, Señor!"

En serio, no se trata de ganar. Ese es el paradigma religioso: la batalla épica entre el bien y el mal con las almas de la humanidad como rehenes. Levantamos nuestras Biblias Reina Valera de 10 libras sobre nuestras cabezas y declaramos: *Tengo que ganar esto. Tengo que convertirlos. Tengo que traerlos al reino. Debo salvarlos de la llama eterna del infierno!*

Sí... no, no debes.

Pablo dijo,

> *Yo planté, Apolos regó; pero el crecimiento lo ha dado Dios. Así que ni el que planta es algo ni el que riega, sino Dios que da el crecimiento.*
>
> 1 Corintios 3:6-7

Entonces, ¿cuál es nuestro trabajo? En algunos casos, podemos plantar. En otros casos, podemos regar. Pero de cualquier manera, Dios da el aumento. Puede que lleguemos a cosechar en campos con los que no tuvimos nada que ver. Si es así, lo haremos con alegría, cantando ese gran himno antiguo: "¡Vamos a Segar!"

Cuando somos obedientes a la tarea que el Padre nos da, nuestra gratificación viene de saber que el Padre está complacido con nuestra contribución. Contentémonos con sembrar, regar o cosechar, y no desanimarnos ni desilusionarnos cuando no vemos el producto terminado.

Todos jugamos un papel en la expansión de la influencia del Rey en una región. No siempre aprecian nuestra contribución. Siéntete cómodo sabiendo que no todas las personas con las que hablas quieren escuchar tu mensaje. Estás plantando una semilla. Alguien puede querer escuchar un poco, y eso es todo lo que puede manejar. Por otro lado, si alguien dice: "Sí, estoy enfermo y cansado de la religión. Muéstrame cómo entrar en el Reino de Dios. ¿Y tienes algún libro de Greg Hood que pueda leer?"

¿Adivina qué? Acabas de cosechar donde otras personas plantaron y regaron.

Forzar el asunto llevando a alguien más allá de lo que Dios manda puede tener un efecto perjudicial. Digamos que los llevamos a una oración y ellos genuinamente entregan sus vidas a Jesús. Lloramos con ellos. Compartimos nuestro testimonio. Sacamos fotos de nuestros hijos, tal vez las de nuestras últimas vacaciones en el Caribe. Luego nos cuentan su historia. Nos muestran fotos de sus hijos siendo llevados por Servicios de Protección Infantil.

Ahí es cuando miramos nuestro reloj y exclamamos: "¡Vaya! ¿Adónde se fue el tiempo? Le damos una palmada en la espalda al nuevo converso y le decimos: "que te vaya bien, hermano. Ve y no peques más", mientras subimos a nuestro Uber y nos dirigimos a nuestra próxima reunión.

¿Qué acaba de pasar aquí? ¿Qué no pasó aquí? No hubo discipulado, ni seguimiento, ni responsabilidad de administrar a esa persona. Simplemente abrimos al tipo como una lata de gusanos, expusimos sus lugares más vulnerables en el nombre de Jesús y salimos volando como el Llanero Solitario cabalgando hacia la puesta

> *Llevar a alguien más allá de lo que Dios manda puede tener un efecto perjudicial*

del sol. En unas pocas semanas, días o incluso horas, ese convertido terminará peor de lo que empezó.

Esta es la razón por la que el acto religioso de realizar cruzadas masivas y guiar a miles en la oración del pecador tiene sus ventajas y desventajas. Regocijarse de que cien mil personas en Filipinas levantaron la mano en una de nuestras cruzadas no significa que el cielo deba comenzar a aceptar una ofrenda para un nuevo programa de construcción. No, probablemente tuvimos a cien mil personas haciendo una oración para que pudieran tener otro dios en su grupo de dioses, uno que pudiera ayudarlos a obtener lo que quieren en la vida. No los convertimos en el reino. Los trajimos a la religión.

Esa es una de las razones por las que Joan y yo dejamos de hacer cruzadas. No hubo seguimiento, ni discipulado. Dimos los nombres de los conversos a todas las iglesias llenas del espíritu en el área, pero ninguna de esas iglesias hizo un seguimiento. ¿Por qué? Estaban operando desde una perspectiva religiosa, no desde una perspectiva de Reino. No querían la presión sobre sus recursos e instalaciones.

Entonces, en lugar de hacer cruzadas, comenzamos a construir escuelas bíblicas para entrenar líderes apostólicos con mentalidad de reino. Posicionamos a esos líderes en las comunidades antes de hacer un alcance, y enviamos a los nuevos conversos a esos líderes para el seguimiento.

CULTURA CORPORATIVA

> *La cultura judía se trataba de la cultura de la nación, no de la individualidad*

Es difícil para la religión ver el panorama completo. La cultura religiosa no es corporativa. Es individual. Se trata de ti y de tu relación con Jesús, tu propio salvador personal. "Sí, ese es él. Vive encima de mí tocador. Él me bendice todas las mañanas y está allí esperándome cuando llego a casa por la noche".

El cristianismo religioso lo que trata es que seas salvo y que seas un buen cristiano en su iglesia.

La mentalidad del Reino opera desde una cultura corporativa. Su mentalidad es la expansión de una sola entidad global, y ese es el Reino de Dios. No es individualizado. Es corporativo. Es gubernamental. Se trata del todo. El Reino de Dios no se trata de mantener tu relación individual con Dios encerrada en tu dormitorio mientras sigues con tu vida. Se trata de que su relación individual con Dios se expanda y se una a otros para influir en las comunidades, las naciones y, en última instancia, el mundo.

La cultura judía se trataba de la cultura de la nación, no de la individualidad. Entendieron que las acciones de una persona afectaban a toda la nación.

La religión no es así. En la religión, si retrocedes, te vas o te desvías, no afecta a nadie más que a ti. Pero en el Reino, cuando te equivocas, nos afecta a todos. Fue lo mismo en la historia judía. Esta es la razón por la cual el pecado individual fue tratado con tanta dureza. "No se trata solo de ti, Acán. Vas a hacer que nos maten a todos."

Recuerde en Josué 7, cuando Israel luchó contra Hai, ese pequeño pueblo en la colina. No salió tan bien. Israel acababa de derrotar a la poderosa ciudad de Jericó y ahora se enfrentaba a esta ciudad menos importante que solo podía permitirse dos letras en su nombre. Israel perdió... mal.

Josué se fue de bruces, preguntándose cómo habían perdido esta batalla. ¿Cómo perdió su nación ante este insignificante enemigo?

Resulta que un tipo, Acán, había escondido algunas cosas debajo de su tienda, cosas que Dios dijo que destruyeran después de que derrotaron a Jericó. Su pecado afectó a toda la nación, y por eso perdieron ante Hai. Las repercusiones fueron nefastas. Él y toda su familia fueron destruidos. Dios borró su linaje.

Amigos, este es el Reino. El Reino nos necesita en que estemos en la posición correcta, haciendo nuestro trabajo con integridad en esta estructura gubernamental. Se trata de cumplir la voluntad del Padre y expandir su Reino en la tierra. Si uno de nosotros falla, todos fallamos. Si uno tiene éxito, todos tenemos éxito. Si uno es herido, nos duele a todos. Si uno se regocija, nos regocijamos todos. ¡Se trata de todos colectivamente!

De manera que si un miembro padece, todos los miembros se duelen con él, y si un miembro recibe honra, todos los miembros con él se gozan..

1 Corintios 12:26

Pablo se refiere a nosotros como partes de un cuerpo.

Además, el cuerpo no es un solo miembro, sino muchos. Si dijera el pie: «Como no soy mano, no soy del cuerpo», ¿por eso no sería del cuerpo? Y si dijera la oreja: «Porque no soy ojo, no soy del cuerpo», ¿por eso no sería del cuerpo? Si todo el cuerpo fuera ojo, ¿dónde estaría el oído? Si todo fuera oído, ¿dónde estaría el olfato? Pero ahora Dios ha colocado cada uno de los miembros en el cuerpo como él quiso, pues si todos fueran un solo miembro, ¿dónde estaría el cuerpo? Pero ahora son muchos los miembros, aunque el cuerpo es uno solo. Ni el ojo puede decir a la mano: «No te necesito», ni tampoco la cabeza a los pies: «No tengo necesidad de vosotros."

1 Corintios 12:14-21

Nuestra cultura es corporativa, compuesta por miembros particulares. Se necesita de todos nosotros para poder hacer lo que se supone que debe hacer el Cuerpo de Cristo. Este grupo empresarial es la Ekklesia.

> *Si uno falla todos fallamos.*
> *Si uno tiene éxito todos somos exitosos.*
> *Si uno es herido a todos nos duele*
> *Si uno se regocija todos nos regocijamos*

Lo que unos están haciendo en Winslow, Arizona (supuestamente mientras están parados en una esquina) afecta lo que estamos haciendo en Franklin, Tennessee. Lo que están haciendo a las nueve en punto en Boise, Idaho, afecta lo que otros están haciendo algo en Missouri. Lo que hacen en Filipinas afecta a los del área de D.C. No estoy seguro de que algo afecte a California... ¡pero estamos orando de todos modos!

Nuestra fuerza proviene de la unción corporativa, no solo de la unción individual. Jacquie Tyre escribió, *The Corporate Armor*, una poderosa enseñanza de cómo la Ekklesia trabaja corporativamente para lograr la tarea de expansión del Reino. Estamos todos juntos en esto.

IMPARTIR CULTURA

En los negocios, las culturas corporativas se enfocan en el resultado final; pero llegan allí a través de un conjunto de valores comunes, convicciones y prácticas sociales asociadas con un campo o actividad en particular. El patrón integrado proviene del conjunto de conocimientos, creencias y comportamientos humanos que dependen de la capacidad de aprender y transmitir conocimientos a las generaciones sucesivas. Estar integrado significa "combinar, unificar el todo, unir, incorporar". El patrón integrado del conocimiento, las creencias y los comportamientos humanos depende de la capacidad de aprendizaje. Pero no sólo aprender sino también transmitir. No solo recibir, sino también poder dar. Transmitir conocimiento a las generaciones venideras transfiere cultura.

La cultura es generacional. Hay cosas que hago o veo en mi vida que me recuerdan a mi papá. (¡Hombre, era un tipo guapo!) Veo a mis padres en la forma en que me río, hablo y reacciono ante las situaciones. La cultura de mi familia les fue transmitida a ellos, y ellos nos la transmitieron a mí y a mi hermano. Lo aprendí sin siquiera intentarlo. La cultura se impartió a través de la influencia a medida que aprendí a imitar a mi familia. Lo mismo ocurre en el Reino. Pablo nos dijo:

Sed imitadores míos, así como yo lo soy de Cristo.

1 Corintios 11:1

Pablo estaba diciendo: "Haz lo que estoy haciendo. Como yo estoy haciendo lo que Cristo hizo, tú haces lo que yo hice". Estaba impartiendo una cultura al transmitir la cultura que recibió de Cristo. El crecimiento más sustancial es generacional. Se transmite a lo largo de líneas familiares, no tanto verbal como demostrada. Los niños no aprenden de lo que decimos sino de lo que hacemos. Lo curioso es que siempre estamos haciendo algo, por lo que siempre estamos impartiendo algo. Estas cosas deberían ser buenas.

La cultura es contagiosa. Mi familia trabajó para crear un entorno pacífico en el que mi hermano y yo crecimos. Teníamos provisiones y estábamos a salvo. A mí me transmitieron esa cultura, y yo se la transmití a mis hijos. Joan y yo tenemos esa cultura en nuestro hogar. Lo que le dieron sus padres se unió a lo que me dieron mis padres.

Por mucho que la cultura se absorba, aún debemos ser intencionales al respecto. ¿Qué ejemplo estamos dando? ¿Realmente pensamos que podemos ocultar este acto o disfrazar este rasgo?

Estados Unidos siempre ha sido una nación de pioneros. Dios está usando esta nación hoy para enseñar a las generaciones futuras que no tienen que vivir religiosamente. Hay otro reino y cultura llamado el Reino de Dios.

La cultura da claridad. Es refinar el gusto a través de la experiencia. Cultiva un deseo refinado, elevando lo que preferimos y esperamos. Mi esposa, Joan, tiene gustos caros. Por eso se casó conmigo. Ella es la hija del rey. Ella quiere cosas reales. Y así debería ser. Ella preferiría tener un bolso original que una imitación, aunque ambos guardan sus cosas muy bien. Es una cuestión de veracidad.

La cultura crea la apreciación del buen gusto. Con quien nos asociamos determina nuestro gusto. Si nos juntamos con una persona campesina que vista overoles y camisetas sin mangas, cultivaremos el gusto por ciertas comidas, algún cigarro, la música típica y el deporte de su preferencia. Pero si nos juntamos con escritores y editores a los que les encanta el filet mignon y perros de raza, vamos a pagar una gran factura en algún restaurante.

Es por eso que debemos tener cuidado con quién nos unimos. Algunas imparticiones son buenas; otras no son tan buenas. ¿Qué nos dijo Pablo en Romanos?

> *El crecimiento más sustancial es generacional*

No os conforméis a este mundo, sino transformaos por medio de la renovación de vuestro entendimiento, para que comprobéis cuál es la buena voluntad de Dios, agradable y perfecta.

Romanos 12:2

Nuestra mente no suele ser lo primero en ser influenciado. Son nuestros corazones. Nos encontraremos movidos por una influencia, y nuestro intelecto vendrá a justificarlo. La parte subconsciente de nuestro ser almacena los patrones, hábitos y experiencias. Absorbemos y transmitimos cultura sin siquiera pensarlo. Es como entrar en una ducha y empaparse.

Pablo estaba identificando el proceso de renovar nuestros corazones y mentes. Nuestros corazones deben estar dirigidos a Dios en todo lo que hacemos. Nuestro subconsciente debe ser influenciado cada vez más a la claridad . Mi gusto ya no es por la religión. Mi gusto es por el Reino. Ya no quiero usar esas prendas religiosas. Quiero usar las vestiduras de alabanza, adoración y unción corporativa. No quiero solo cantar canciones. Quiero entrar en el Lugar Santísimo. No quiero rituales ni reglas. Quiero bendiciones y vida.

Esta es una transformación, aunque no podemos simplemente reclamarla conscientemente. Requiere un reentrenamiento de nuestros corazones y mentes. Requiere nuevas experiencias para reemplazar las antiguas. Si fuimos golpeados en una situación, la misma situación volverá a presentarse, solo que esta vez, seremos guiados por el Espíritu Santo. "Oye Greg, ¿recuerdas a ese matón que solía empujarte? Aquí viene de nuevo. Ah, ¿y Greg? Hoy te toca, muchacho"

Absorbemos cosas inconscientemente todo el tiempo. Madison Avenue lo sabe, siendo una de las más prestigiosas avenidas en Nueva York que muestra publicidad con lo último que ofrece la moda. No hace falta que nos digan: "Compra estos pantalones". En cambio, se nos muestra una imagen de una belleza elegante y sofisticada deslizándose por un pasillo con dicho atuendo, y nuestra voz interior dice: "¡Los quiero!" (Justo antes de que nuestra esposa nos golpee en la cabeza.)

Las palabras de Pablo a los romanos transmitieron acción. "No os conforméis... transfórmense... renueven su mente." ¿Por qué? "Para que podáis comprobar... vivir... la buena, agradable y perfecta voluntad de Dios."

Es *hacer*, no que está *hecho* para nosotros.

He oído a personas predicar las tres voluntades de Dios: la buena, la aceptable y la perfecta. Bueno, esa enseñanza no es ni buena, aceptable ni perfecta. Es basura. Hay una voluntad de Dios; es buena, aceptable y perfecta.

Todo sobre el mensaje de Pablo a los romanos estaba arraigado en la intencionalidad. Los romanos eran hacedores. Construyeron ciudades, innovaron la distribución de agua con acueductos, instalaron saneamiento. Ah... y en su tiempo libre, conquistaron la mayor parte del mundo conocido. Estos no eran tipos que se sentaban por la noche esperando ver el final de Roma Tiene Talento.

Escuche la fuerza detrás de las palabras de Pablo al comienzo del capítulo 12:

> *Por lo tanto, hermanos, os ruego por las misericordias de Dios que presentéis vuestros cuerpos como sacrificio vivo, santo, agradable a Dios, que es vuestro verdadero culto.*
>
> Romanos 12:1

" Os exhorto... a presentaros... un sacrificio vivo". En literatura, llamamos a esto la voz activa. Puedo escuchar el énfasis de Pablo, lo hacía más notable por las realidades del día. Escribir era difícil en los

> *Hay una voluntad de Dios; es buena, aceptable y perfecta.*

tiempos bíblicos. Las plumas procedían de las palomas, la tinta de los pulpos y el pergamino fue una vez el trasero de una oveja. La gente no se andaba con rodeos en esos días. No tenían ese lujo. (Estoy seguro de que las ovejas apreciaron eso).

Pablo estaba hablando a sus nuevos conversos a través de su gracia apostólica. Tenía mucho que decir.

> *Digo, pues, por la gracia que me es dada, a cada cual que está entre vosotros, que no tenga más alto concepto de sí que el que debe tener, sino que piense de sí con cordura, conforme a la medida de fe que Dios repartió a cada uno.*
>
> Romanos 12:3

La religión dice que no debes pensar muy alto de ti mismo. Pero esta escritura no dice eso. Dice que no debes pensar *más* alto de ti mismo de lo que deberías. Debes tener un alto concepto de ti mismo, pero no exagerar. ¿Cuál es la diferencia? si eres bueno en algo, hazlo tuyo. Soy bueno en algunas cosas, excelente en otras y un fracaso total en otras. En todas las cosas, sin embargo, soy un trabajo en progreso. ¡Cada día para estar vivo, para crecer! ¡Gloria a Dios!

Pablo nos está diciendo que la forma en que vivimos, nos presentamos a los demás y nos relacionamos con Dios está determinada por qué tan bien renovamos nuestra mente. No solo si amamos a Dios o no. Eso está conscientemente frente a nosotros. Sé que lo amo. La renovación es más profunda. Afecta los patrones que hemos aprendido subconscientemente, aquellos arraigados en el corazón, habitando la mente subconsciente, informando nuestro intelecto. Afecta nuestras decisiones, dirige nuestra vida, dicta lo que hacemos, lo que creemos, cómo actuamos, cómo reaccionamos, cómo presentamos las cosas y cómo las recibimos. Es el sistema de creencias dentro de nosotros que estamos viviendo.

Un amigo me dijo una vez: Las elecciones más importantes que hacemos en la vida están relacionadas con quién y qué admitimos en nuestras vidas. Admitir está estrechamente relacionado con otra palabra: *creer.*

El verbo creer se menciona más de 200 veces en el Nuevo Testamento. Hay una razón para esto. Jesús no vino a restaurar una religión, sino a reclamar a su pueblo: la raza humana. Hacerlo requiere una transformación, y eso requiere un cambio en nuestra estructura de creencias. "Si tú crees…."

Las elecciones más importantes que hacemos en la vida están relacionadas con quién y qué admitimos en nuestras vidas.

Pablo le estaba diciendo a la iglesia romana, que vivían como los romanos y trataban de ser maduros, que no podían ser como invasores conquistadores que arrasan. Necesitaban cambiar la forma en que pensaban y cómo se comportaban hacia Dios y el hombre. Es el mismo principio que sustenta el mensaje de Juan el Bautista a los judíos, aunque lo dijo un poco más preciso.

Arrepentíos, porque el reino de los cielos se ha acercado.

Mateo 3:2

Pablo estaba hablando a una nación extranjera y eligió el idioma correspondiente. Juan estaba hablando a la multitud local. Conocía a su gente. Entonces, no tuvo que explicar tanto. Entendemos su mensaje como: "Cambia la forma en que piensas para que puedas cambiar la forma en que conduces tu vida. Cambiará la forma en que percibes las cosas. Cambiará la forma en que das y en cómo reaccionas. Todas estas cosas están en tu mente subconsciente, y eso dicta cómo vives."

De hecho, de esto se trata la cultura del Reino. El estar inmerso en ella trae la entendimiento. Refina tu gusto, un gusto por el Reino. Se adquiere mediante un entrenamiento intelectual y exposición subconsciente. Es desaprender y aprender. Es cultivar información de vida en un medio acondicionado, una cultura que crece dentro de nosotros.

1 Corintios 5:6 dice," un poco de levadura fermenta toda la masa" Esto funciona para la masa buena y la masa mala. La cultura del Reino que tú y yo llevamos invade un lugar donde puede crecer y dar vida donde nunca hubo vida.

Estamos llevando el Reino de Dios a nuevos entornos, lugares que lo necesitan. Los estamos fermentando. Llevamos dentro de nosotros la nutrición para sustentar la vida en un entorno antinatural. Es levadura, y solo un poquito leuda todo el lote. Este es el poder de nuestra cultura.

Nuestra cultura es contagiosa. Es infecciosa. Cuando afecta a las personas, ellas no pueden evitarlo y son liberadas del pecado. Vemos que esto sucede en las congregaciones, en las escuelas, en los negocios. La gente recibe nuestra cultura porque responde a un anhelo; alimenta el hambre; descubre un fuerte deseo que no tienen palabras para expresar. Es el reino que anhelan, pero se encuentran en ambientes donde el Reino no crece naturalmente. Ha sido erradicado. Hasta que nosotros lleguemos.

¡Finalmente, *bum*!

La cultura del Reino está creciendo. La gente se está contagiando. Las familias se están contagiando. Es llegar a lugares que están muertos en su religión y traerlos a la vida. Nada puede detenerlo. El reino está brotando por todas partes. En nuestros lugares de trabajo, nuestras familias, dondequiera que vayamos, somos la levadura, la levadura del cielo. Aleluya. Llevamos el reino donde quiera que vayamos.

El cultivar desarrolla las facultades intelectuales y morales, especialmente mediante la educación o el reaprendizaje. Por eso es importante aprender, no memorizar sino realmente aprender. Hay una diferencia entre memorizar las escrituras y aprender las escrituras.

Los dos reinos que operan hoy en día son el Reino de la Luz y el Reino de las Tinieblas. La palabra griega para oscuridad significa "ignorancia". No significa "una momia malvada, sombría y demoníaca con poder diabólico". El Reino de las Tinieblas es un reino de ignorancia. El poder que tiene el enemigo en la vida de los humanos es facilitado por la ignorancia.

> *Mi pueblo fue destruido*
> *porque le faltó conocimiento.*
> *Por cuanto desechaste el conocimiento*
>
> Oseas 4:6

Claramente, la ignorancia es algo oscuro y vil. Por otro lado, la palabra luz, como en el Reino de la Luz significa, "conocimiento."

> *No quiero, hermanos, que ignoréis acerca de los dones*
> *espirituales.*
>
> 1 Corintios 12:1

Tenga en cuenta que en ambos reinos, las definiciones son muy diferentes de cómo las define la religión.

La religión define la *oscuridad* como esa nube oscura y perversa que entra en tu vida y te atormenta. También define la *luz* como esta iluminación de Jesús que atrae a las personas hacia él. Piensa en la luz de la estrella que irradia arriba sobre el pesebre en Jerusalén. Pero estas descripciones son ineficientes e ineficaces. Su significado va más allá, impenetrable a nuestra influencia. Cuando entendemos que la oscuridad es ignorancia y la luz es conocimiento, sabemos qué hacer.

El conocimiento del Reino crea la cultura del Reino. Adquirimos cultura a través del aprendizaje, la experiencia y la disciplina. Es intencional. En la cultura del Reino, tenemos que ser intencionales en todo lo que hacemos. Estamos desarrollando facultades intelectuales y morales a través de la educación, mediante la demostración en todo lo que hacemos. Esa es nuestra cultura del Reino.

Es por eso que el estudio de la ciudadanía, la filiación y el Reino requiere que seamos muy intencionales para educarnos a nosotros mismos. Aún así, el conocimiento por sí solo no es suficiente. El Espíritu Santo toma ese conocimiento y lo convierte en poder. Ese poder es el cambio cultural que necesitamos en la vida cotidiana. El conocimiento sin el Espíritu Santo puede convertirse fácilmente en memorización y lealtad sin sentido. Cuando realmente aprendemos algo, lo practicamos. Se vuelve parte de nosotros. Ya no tenemos que pensar; es automático. Así es como implementamos el Reino en la vida diaria. No es solo algo que aprendemos y lo volvemos a usar. Tiene que ser funcional, capaz de ponerse en práctica, de ser llevado a cabo y dar resultados. Así es como debemos vivir.

EL SONIDO DE LA NACIÓN

> *El conocimiento del reino crea la cultura del reino*

La música es una poderosa herramienta para impartir aprendizaje y experiencias. La gente obtiene mucho conocimiento por medio de la música que canta. El rey David lo sabía bien. Por eso veneramos los Salmos. Desafortunadamente, la mayor parte de la música en las iglesias está llena de teología débil e inexacta. Seamos conscientes del poder de la música y elijamos lo que admitimos en nuestras vidas. Hay canciones que me niego a cantar. Simplemente no voy a hacerlo. Además, no voy a permitir que se canten en los lugares donde estoy dirigiendo una actividad.

Sin embargo, este esfuerzo no es simplemente una cuestión de censura. Necesitamos educar a nuestros compositores. Muchos han salido de una cultura de depresión, pobreza, desesperanza y hogares destrozados. Cuando caminamos en el Reino de Dios, descubrimos que la respuesta a todas esas cosas está envuelta en una sola persona: Jesús.

> *la cual es su cuerpo, la plenitud de Aquel que todo lo llena en todo.*
>
> Efesios 1:23

Todas las cosas se resumen en Cristo Jesús. *Todas las cosas*. Jesús dijo que no vino a abolir la ley y los profetas, vino a cumplir esas cosas.

> *No penséis que he venido a abolir la Ley o los Profetas; no he venido a abolir, sino a cumplir*
>
> Mateo 5:17

Jesús cumplió todo. Él es la plenitud de todo. Todo lo que necesitamos es nuestro rey... ¡y algunas canciones nuevas!

Sospecho que una de las razones por las que Dios fundó Kingdom University en Franklin, Tennessee, es por su proximidad a Nashville, de donde proviene gran parte de la música de Estados Unidos. Muchos de los músicos, artistas y estudios de la nación se encuentran en esta área. Dios quiere influir en el sonido de la nación a través de las canciones. Esto afecta la estructura de creencias de una nación.

Podemos seguir las canciones a lo largo de la historia y comprender la historia más amplia de los lugares y tiempos que las engendraron.

Por ejemplo:

> *Cuando todos lleguemos al cielo*
> *qué día de regocijo será ese.*

Odio esa canción. ¿Por qué? Porque dice que tengo que esperar para llegar al cielo antes de poder regocijarme. Esa es una teología terrible. Podemos regocijarnos ahora. Deberíamos regocijarnos ahora. Ah, es una melodía pegadiza, pero la teología es basura podrida al calor del sol.

Aquí está otro:

> *Voy a volar lejos*
> *de la vieja gloria. Volaré lejos.*
> *Cuando muera,*
> *adiós y adiós, volaré lejos.*

¿En serio? No, no estoy buscando volar lejos. Estoy gobernando y reinando con Dios aquí y ahora. No vamos al cielo. Obtenemos una tierra nueva, con suerte una tierra mejor, y nos instalamos allí. ¡No estamos volando a ninguna parte!

Sin embargo, estas canciones son poderosas. Es por eso que el peso de Dios está sobre la comunidad musical para producir música alineada con la verdad. Claro, algo de verdad es cómo nos sentimos hoy. Decir "Me robaste el corazón y aplastaste a este tonto" es un buen comienzo, pero no es el final. La liberación, sanidad y restauración de Dios es el fin de todo sufrimiento. ¡Escribamos eso en el verso final! Estamos viendo nuevas canciones, nuevos sonidos naciendo de esta región, música que marca el comienzo del Reino.

El viejo chiste dice así:

P. ¿Qué obtienes cuando tocas una canción country al revés?

R. Bueno... tu mujer te recibe de nuevo, tu perro vuelve a casa, paras de beber alcohol y el banco te devuelve tu camión.

Necesitamos revertir las canciones que nuestra sociedad alaba.

Una vez le di una palabra a un joven en Chattanooga. Parte de esa palabra era que iba a escribir canciones no cristianas. Además, se encontraría sentado con gente y escribiendo canciones, no con una taza de café o un té de hierbas, sino con una cerveza.

Ahora, algo así trastorna a la religión a lo grande. Pero el Señor dijo que ese joven va a ayudar a cambiar la industria de la música.

> *Necesitamos revertir las canciones que nuestra sociedad alaba.*

Al crecer, yo quería ser una estrella de la música country. Ese era mi objetivo en la vida. Está en mis venas. Mi papá era un músico viajero. Puedes encontrarlo en el Salón de la Fama del Rockabilly. En mi juventud, tuve una banda y ganamos concursos de talentos en todo el país. Ganamos un contrato de grabación. Ganamos una furgoneta. Ganamos una beca para la Academia Teatral de las Artes de Filadelfia. Tocamos para los senadores. Incluso tocamos para el presidente Ronald Reagan en la rotonda de la Casa Blanca. Y cuando obtuvimos nuestro mayor contrato, nuestra banda se separó. Se terminó en Baton Rouge; otra vez a empezar de cero; todo desapareció... todo se terminó.

Nunca llegué a hacer las cosas con las que había soñado. ¿Por qué? Quería ser parte de la industria de la música con la que había crecido, pero mi búsqueda me estaba alejando del llamado de Dios. Fui llamado para otra cosa, algo más para mí. Entonces, Dios cortó la parte musical. No fue hasta 40 años después que desarrollé una relación con algunas personas claves en la industria de la música.

Cuando le pregunto al Señor: *¿Por qué separaste la banda?* Supe la respuesta inmediatamente. Fue para que no me absorbiera la industria de la música. Hoy, puedo traerle soluciones; puedo traer el Reino de Dios. Y por eso, estoy eternamente agradecido.

La cultura es muy importante. Dios tuvo que desarrollar una cultura del Reino en mí antes de poder llevarme al lugar en el que quería que influyera.

Es lo mismo contigo. Hay lugares donde Dios quiere que tengas influencia. Grandes lugares, pequeños lugares, lugares escondidos, lugares oscuros. Él quiere traerte ante personas que tienen influencia: reyes, presidentes, personas que gobiernan naciones. Dios quiere hacer eso contigo, pero tiene que madurarte en el Reino antes de poder ponerte en esos ambientes. Tenía que sacarme de la religión y hacer que el Reino entrara en mí. Él hará lo mismo por todos nosotros.

4

Embajador

Embajador: Enviado oficial, agente diplomático del mas alto rango acreditado ante un gobierno o soberano extranjero como representante residente de su propio gobierno o soberano o designado para una misión diplomática especial y a menudo temporal.

Diccionario Merriam-Webster.com

ABUNDAN LAS MANIFESTACIONES DECOROSAS o disimulos del mundo para nuestra existencia.

- Hoy estamos, mañana no sabemos.
- Somos comida para gusanos.
- La vida es dura. Después de todo, te mata.
- Hace falta toda una vida para aprender a vivir.

A pesar de estos y muchos otros dichos oscuros y pesimistas, el hecho es que solo somos temporales en esta tierra... al menos por ahora. La Biblia nos lo recuerda en cada oportunidad que tiene.

...Y de la manera que está establecido para los hombres que mueran una sola vez, y después de esto el juicio,

Hebreos 9:27

cuando no sabéis lo que será mañana. Pues ¿qué es vuestra vida? Ciertamente es neblina que se aparece por un poco de tiempo y luego se desvanece.

Santiago 4:14

Nuestro término aquí en Tierra firme terminará un día, a menos que el Señor regrese primero. ¿Qué haremos entonces con esta maravillosa experiencia llamada *el vivir*? Ah, la pregunta universal. Crecemos, conocemos a alguien, nos enamoramos, criamos a nuestros hijos, mantenemos un pequeño jardín en la parte de atrás, somos amigos de nuestros vecinos, nos hacemos chequeos regulares y esperamos el día en que escuchemos: "Eres un hombre muy enfermo, Señor Smith. El mas mínimo impacto... podría matarte." ¡PUMP!

Debe haber algo más. Afortunadamente, lo hay. Somos agentes diplomáticos del Reino de Dios.

> *Así que, somos embajadores en nombre de Cristo, como si Dios rogara por medio de nosotros; os rogamos en nombre de Cristo: Reconciliaos con Dios.*
>
> 2 Corintios 5:20

Pablo usa el término *embajadores* para dirigirse a los creyentes en Cristo. Como todas las cosas del Reino, este es un título gubernamental, no un título religioso. Pablo entendió la naturaleza gubernamental del cristianismo a pesar de ser miembro de la E.F.I., (ex fariseos de Israel), el culto religioso más extremo de su época. Cuando los romanos buscaron *religión* en el diccionario, había una imagen de Pablo golpeando con un pergamino a un pobre cristiano.

Por definición, un embajador es un agente diplomático de alto rango. El máximo diplomático que tenemos en nuestra nación es el Secretario de Estado. Él o ella es el diplomático de los diplomáticos, el embajador de los embajadores. Están a cargo de embajadas en todo el mundo y ejercen una enorme influencia en las relaciones exteriores.

Jesús funcionó de la misma manera. En la terminología moderna, Jesús era el Secretario de Estado. Regresó a la tierra para restablecer la embajada del cielo. Recuperó lo que el primer Adán había regalado. Adam era el Embajador Jefe en esta colonia conocida como tierra. Dios creó la tierra como una extensión del cielo. Quería expandir su Reino. Puso a Adán en la tierra como embajador. Dios le dio dominio y lo puso como rey. Desafortunadamente, Adán entregó su reinado a un bribón.

Cuando Jesús regresó para recuperar lo que el primer Adán derrochó, estableció embajadores del país de origen, comenzando con sus 12 discípulos. Pablo continuó con esta analogía, explicando que somos embajadores, representantes de un gobierno, no devotos severos de una misteriosa orden religiosa. Somos agentes diplomáticos de alto rango. Representamos el Reino de Dios.

Nuestra posición en la tierra no es la de un humilde pecador salvado por la gracia. No estamos tratando de sobrevivir en la tierra para poder arrastrarnos hasta el cielo. Somos hijos e hijas que tenemos rango diplomático del reino del que somos, no de la nación en la que vivimos. ¡Gloria!

> *Somos hijos e hijas que tenemos rango diplomático del reino...*

A lo largo de nuestra vida cotidiana, tenemos rango diplomático las 24 horas del día, los 7 días de la semana, los 365 días del año. ¿No es increíble? Eso lo cambia todo. No somos miembros de la iglesia; somos diplomáticos. Y cada diplomático encarna las cualidades de la nación de la que proviene. No representan la nación en la que se encuentran.

Encarnamos el Reino de Dios, no los sistemas de este mundo. La estructura gubernamental del cielo es la nuestra. Eso es muy diferente de lo que enseña la religión.

ASUNTOS LEGALES

En el cristianismo de hoy, se nos ha enseñado a abordar los asuntos legales desde un punto de vista religioso. Este es el hecho: todo lo que hacemos tiene ramificaciones espirituales. Todo lo que experimentamos toca el reino invisible. Desde el momento en que nos acostamos hasta que regresamos a la cama la noche siguiente y todo lo demás, estamos en contacto tanto con el espíritu como con lo natural. ¿Por qué? Porque somos parte espíritu así como nuestro creador es espíritu.

Dios es Espíritu, y los que lo adoran, en espíritu y en verdad es necesario que lo adoren.

Juan 4:24

Entonces, cuando buscamos nuestra provisión como ciudadanos del Reino, no estamos buscando que Dios haga algo espiritual. Ya somos espirituales. La verdadera división es si buscamos una manifestación religiosa o una manifestación gubernamental. La religión trata de encontrar formas de agradar a Dios para que haga lo que le pedimos. Lo gubernamental sabe dónde estamos en Dios, y afirma sus derechos dados por Dios.

Así caminó Jesús con Dios. No caminó como un hombre religioso, aunque se adhirió a las costumbres judías. Fue al templo. Pagó impuestos. Leyó las Escrituras en el Shabbat en su ciudad natal. (Esa última vez casi lo matan). Hizo todas esas cosas porque nació en la cultura judía. Pero Jesús operó como representante del gobierno del Reino de Dios. Se ocupó de las causas fundamentales de las enfermedades de las personas. Sus palabras contenían la autoridad del propietario y, como tal, transmitían el poder del creador para hacer las cosas bien.

Nuestras palabras son poderosas. Como ciudadanos del Reino de Dios, nuestras palabras llevan el peso de la nación. ¿Por qué? Porque no somos simplemente ciudadanos. Somos embajadores.

Así que, somos embajadores en nombre de Cristo, como si Dios rogara por medio de nosotros; os rogamos en nombre de Cristo: Reconciliaos con Dios.

2 Corintios 5:20

Como ciudadanos del Reino, encarnamos el gobierno del cielo en nuestras vidas. Lo llevamos a donde quiera que vayamos. Somos ciudadanos que debemos lealtad a nuestro gobierno celestial y tenemos derecho a la protección y provisión de este.

Un embajador es la encarnación de una nación en una tierra extranjera. Un embajador no tiene que preocuparse por sus necesidades inmediatas.

Considere a un político que se postula para un cargo. Todavía tienen que pagar su hipoteca y sus facturas de servicios públicos. Todavía necesitan comprar comida y cuidar cada aspecto de su vida mientras hacen campaña para un cargo político. Un político incluso tiene que pedir también el puesto. "Estoy buscando esta oficina. Estoy llenando mis papeles. Estoy obteniendo las firmas que necesito. Estoy poniendo letreros. Estoy de campaña. Me postulo para al Senado. Estoy contratando un abogado. Lo niego todo. Les pido que voten por mí para poder entrar en esta posición de autoridad."

> *Las palabras de Jesús contenían la autoridad del dueño; transmitieron el poder del creador para hacer las cosas bien.*

Un embajador es diferente. Los embajadores nunca se postulan para un cargo. Simplemente son designados. Un día reciben una llamada telefónica de alguien del Departamento de Estado: "Oye, Billy Bob, necesito que representes a Estados Unidos en Brasil. Así es. Empaca. Te están esperando en la embajada."

Cuando se les otorga la embajada y se mudan a Brasil (o a donde sea), no pagan hipoteca. No pagan servicios públicos, alimentos, impuestos o un préstamo de automóvil. Incluso les pagan la gasolina. ¿Por qué? Porque Estados Unidos les proporciona esas cosas como embajador en una tierra extranjera.

Ahora, como creyentes nacidos de nuevo, como ciudadanos del Reino, debemos preguntarnos: ¿dónde vivimos? Estamos en este mundo, pero no somos de este mundo. Somos embajadores del reino de Dios. ¡Gloria a Dios! Nuestra provisión como embajadores se realiza cuando vamos a casa y declaramos que todo lo que tenemos: la tierra, la casa, el barco, las dependencias, y una motocicleta o dos, Dios nos lo ha dado como en una embajada. ¡Aleluya!

"Dios, ésta es tu embajada. Tu embajador vive aquí. Gracias, Señor, por todas las provisiones que necesitamos. Que podamos extender tu influencia hasta los confines de la tierra. O al menos, el camino de entrada. ¡Gloria!"

Esta comprensión cambia todo. Ya no estoy enfocado en tratar de alimentar a mi familia o pagar nuestras cuentas. Ah... y todavía les pagan un salario. La diferencia es que Dios me está ayudando. Él hace esas cosas de manera creativa. Tal vez me dé un trabajo y alguna influencia para un ascenso. Tal vez me dé un lugar para invertir y me proporcione un flujo de ingresos. Tal vez aprenda a aplicar su autoridad para ordenar mis gastos. La clave es que todo lo que hago ahora es a través de mi cargo de embajador. Estoy viviendo en la tierra para influir en las naciones, el *ethnos* que me rodea, con el Reino de Dios. Mi misión no es ganarme la vida. Mi tarea es expandir el Reino de Dios.

Así que, hagamos lo que hagamos (un trabajo, una carrera, en la escuela, criar hijos, desarrollar negocios), nuestra tarea principal es la expansión del Reino. Claro, obtendremos un ingreso a través de la economía, pero con el estilo de vida de la tarea que Dios nos ha dado, ese ingreso por sí solo no será suficiente. Nuestra asignación siempre va a ser más grande que nuestro cheque de pago. Siempre va a ser así. Dios ama estirarnos. Así es como crecemos.

Si nuestra asignación no es mayor que nuestros ingresos, van a suceder una o dos cosas. Dios aumentará nuestra tarea o reducirá nuestros ingresos. ¿Por qué? Para que él pueda obtener la gloria. Para que él pueda ser el rey en nuestras vidas. Esto puede sonar contrario, incluso mezquino, pero no lo es. Así es como nos lleva a mayores recursos de los que podríamos obtener por nuestra cuenta.

Jesús gobernó con sus palabras. Los reyes gobiernan con sus palabras. Los embajadores gobiernan con sus palabras. Hablan en nombre del estado o la nación que representan.

Cuando estoy en otra nación, mi ciudadanía no cambia. No tengo que obtener la ciudadanía en Filipinas cada vez que visito allí. Sigo siendo estadounidense. Mi ciudadanía no se basa en dónde estoy. Se basa de qué lugar soy, y eso determina lo que represento.

No podemos ser embajador sin ser ciudadanos. Dios nos ha puesto aquí, aunque ya no seamos de aquí. Nuestra ciudadanía no cambia solo porque vivimos y trabajamos en este mundo. Este sistema mundano no mide como vivimos, como funcionamos o quién nos cuida. El mundo no es algo que Dios está tratando de destruir. Él está tratando de restaurarlo y redimirlo según Juan 3:17 y 19.

Dios no envió a su Hijo al mundo para condenar al mundo, sino para que el mundo sea salvo por él.

Y ésta es la condenación: la luz vino al mundo.

Jesús no fue enviado aquí para juzgar al mundo sino para restaurarlo. Tú y yo estamos en esta tierra como ciudadanos del reino, como embajadores, para restaurar y redimir al mundo por medio de Jesucristo.

EMBAJADAS EXTRANJERAS

Jesús gobernó con sus palabras. Los reyes gobiernan con sus palabras

He tenido el privilegio de estar en varias embajadas en todo el mundo. Una de esas embajadas es en Guyana, uno de los países mas pobres del mundo. Yo creo que ahí es donde fabrican y distribuyen los mosquitos, porque son grandes allá.

La pobreza es endémica en toda Guyana. Durante nuestra visita, nuestro pastor asociado, Steve, y yo compartíamos una habitación en un hotel de Guyana. Decidí darme una ducha antes de la cena. Giré la perilla del agua y todo lo que escuché fue gruñir y traquetear mientras el agua intentaba abrirse camino a través de las tuberías. Las tuberías traquetearon en el suelo y las paredes. El grifo estaba abierto de par en par, pero no salía nada. Finalmente, comenzó a escupir todo tipo de cosas asquerosas y desagradables en la bañera. Observé el charco viscoso que se formaba alrededor de mis pies. *¿Qué debo hacer?* Lo limpié y dejé correr la suciedad hasta que se convirtió en un chorro de líquido semi transparente.

Esa experiencia era algo nuevo para mi. Era parte de la nación que estaba visitando, no la nación a la que pertenecía. En Estados Unidos, habríamos llamado al departamento de salud y establecido una cuarentena para media cuadra de la ciudad.

Mientras estaba en Guyana, visité la embajada de los Estados Unidos. Entrar fue como entrar al Ritz Carlton en la ciudad de Nueva York. Pisos de mármol fino, madera de caoba, comodidades modernas como fuentes de agua que no te matan e inodoros que se descargan sin verter agua en ellos. Incluso la comida era excelente, mejor que cualquier cosa que haya probado en Estados Unidos.

Aunque estaba en Guyana, cuando entré en esa embajada, entré en los Estados Unidos de América. Cuando salí de esa embajada, estaba de regreso en otra nación. Pero mientras estaba dentro de esa embajada, yo estaba en los Estados Unidos de América. Era propiedad del gobierno de los Estados Unidos de América. No pertenecía a la nación anfitriona.

Como creyentes, como ciudadanos del reino, somos embajadores en este mundo, representando a la nación de la que provenimos: el cielo. Ya no pertenecemos a la nación que actualmente ocupamos. Somos embajadores del Reino de Dios, no de la Primera Iglesia de Pasen la Ofrenda en Peoria, Illinois. (Sin intención de ofender a la buena gente de Peoria.)

El embajador de EE. UU. en Guyana puede salir de la embajada, caminar por las calles de Guyana, ir a diferentes lugares y hacer lo que quiera en Guyana. Puede visitar las zonas más pobres o reunirse con el presidente de Guyana en su palacio. No importa a dónde vaya, su ciudadanía nunca cambia porque lleva consigo a la nación de los Estados Unidos.

Es por eso que nosotros, como ciudadanos y embajadores de Dios, no estamos simplemente tratando de sobrevivir en este mundo. Como embajadores del cielo, nosotros llevamos el gobierno de los cielos dondequiera que vayamos. Tenemos todo lo que nuestra nación tiene para ofrecer. Representamos a nuestro país. Hablamos por nuestro país. No estamos solo en nuestro país; nuestro país está en nosotros.

Como dijo Jesús:

> " Preguntado por los fariseos cuándo había de venir el reino de Dios, les respondió y dijo: El reino de Dios no vendrá con advertencia, ni dirán: "Helo aquí", o "Helo allí", porque el reino de Dios está entre vosotros."

Lucas 17:20-21

TU VOLUNTAD

Los embajadores hablan por sus naciones, pero no hablan de su propia voluntad. Hablan de la voluntad del jefe de Estado. Ahí radica el poder de un embajador. ¿Por qué? Porque cuando dices tu propia voluntad, ya no estás actuando como un embajador. Si comienzas a expresar tus opiniones y tomas tus propias decisiones para la nación que representas, serás llamado por esa nación. Y cuando te llaman, te quedas sin trabajo.

En el Reino de Dios, cuando te llaman, ya no puedes caminar sobre la tierra. Regresas al país de origen, que es el cielo. Como embajadores, no podemos hablar por nuestra propia voluntad. No tenemos ese derecho; no tenemos el privilegio de hablar por nuestra cuenta. Todo lo que decimos y hacemos debe estar alineado con nuestro jefe de estado: nuestro Padre.

A lo largo de este camino, esta tarea de la vida en la tierra, debemos pedir constantemente al Padre:

- ¿Qué dices acerca de esto?
- ¿Cuál es tu posición al respecto?
- ¿Qué debo abordar?
- ¿Qué necesito para vincular?
- ¿Qué necesito soltar?
- ¿Qué necesito repudiar?
- ¿Qué necesito bendecir?

El enfoque de un embajador no está en su comodidad o tranquilidad, dónde comerá o dormirá, o cómo mantendrá la electricidad. Esa es la responsabilidad de la nación patrocinadora. El enfoque de un embajador es representar la voluntad del país de origen y mantener informados a sus líderes.

Deja que este pensamiento te transforme. No somos pecadores tratando de llegar al cielo lo mejor que podamos. Somos hijos e hijas, embajadores de nuestro país natal el cielo. Y tenemos a toda la nación respaldándonos en las asignaciones que Dios nos ha dado mientras operamos en la influencia que él nos ha dado. Estamos aquí para ampliar los intereses del cielo.

La religión no enseña eso. La religión no nos da ese privilegio. No puede. Pero el Reino puede... y lo hace.

Pacto Constitucional

El poder de la ciudadanía se encuentra en un pacto constitucional. Nuestra ciudadanía en Estados Unidos es tan buena como nuestra constitución. Cada vez que las personas forman un gobierno, crean una constitución. Consiste en reglas, leyes y derechos que se unen para establecer la estructura de cómo funciona esa nación. En los Estados Unidos, a los estudiantes se les enseña educación cívica. Aprendemos sobre la Constitución, sus enmiendas, incluida la Declaración de derechos (las primeras 10 enmiendas) y la estructura precisa del gobierno. Por esto, entendemos nuestra posición como ciudadanos de los Estados Unidos.

Como creyentes nacidos de nuevo, también estamos gobernados por un pacto constitucional. ¿Cuál es nuestra constitución? La Biblia. Delinea nuestros derechos, privilegios y responsabilidades como ciudadanos. Todo lo que el rey de nuestra nación dijo que haría para

> *Somos espíritu, alma y cuerpo. Y nuestro cuerpo es lo que nos hace legales en este mundo.*

asegurar nuestra protección y nuestra provisión está envuelto en ese libro sagrado. Es una especie de constitución. En el pasado, es posible que hayamos visto la Biblia como un libro religioso. Sin embargo, a medida que examinamos los capítulos, sub-capítulos y sub-puntos, nos damos cuenta de que podemos referirnos a estas cosas como situación legal, no como ilusiones.

Por ejemplo, no tenemos que pararnos ante Dios y preguntar: "Padre, ¿podrías sanarme?"

No tenemos que pedir lo que ya es nuestro. Lo reclamamos decretándolo con nuestras palabras. Nuestra boca, el portal de nuestro habla, es la parte más importante de nuestro ser. Somos espíritu, alma y cuerpo. Y nuestro cuerpo es lo que nos hace legales en este mundo. (Más sobre esto en el capítulo 7.)

El pacto en las escrituras fue sellado con sangre. Como creyentes nacidos de nuevo, la sangre de Jesús selló nuestro pacto. Este es el pacto de sangre que tenemos con Cristo. A través de ella, tenemos ciudadanía: los derechos, privilegios, provisiones y responsabilidades de ser un ciudadano del Reino de Dios.

Jesús no vino a establecer una religión. Llegó a nacer y construir una iglesia, una Ekklesia, un gobierno. La misión de Jesús es restaurar la tierra para su territorio. Recuerda, todos los reinos tienen un territorio que determina su riqueza y su posición.

> *De Jehová es la tierra y su plenitud,*
> *el mundo y los que en él habitan.*
>
> Salmo 24:1

Todos los sistemas y estructuras de gobierno en este mundo están sujetos al Reino de Dios porque nosotros, su pueblo, estamos en este mundo.

El séptimo ángel tocó su trompeta, y se oyeron fuertes voces en el cielo, que decían,

"Los reinos del mundo han venido a ser de nuestro Señor y de su Cristo; y él reinará por los siglos de los siglos.."

Apocalipsis 11:15

Esta escritura nos dice que nuestra responsabilidad es hacer que los reinos de este mundo se conviertan en el Reino de nuestro Dios. Los gobiernos de este mundo se están convirtiendo en los gobiernos de nuestro Dios. ¡Gloria!

RESTAURACIÓN

Jesús vino a la tierra para restaurar el Reino de Dios en la tierra. Vino a restaurar en la tierra el gobierno de Dios.

Nota: la gente suele hacer una diferencia entre el Reino de los Cielos y el Reino de Dios. De hecho, son uno y lo mismo. Mateo usó el Reino de los Cielos en lugar del Reino de Dios porque les estaba escribiendo a los judíos, y ellos sintieron que incluso decir "Dios" era una blasfemia.

Para nuestros propósitos, podría referirme al hecho de que el Reino de Dios es la influencia del cielo en un territorio. Cuando menciono el cielo, me refiero a él como un lugar donde se origina el Reino de Dios. El Reino de Dios está en los cielos, pero aún no está plenamente en la tierra.

Casi todos los condados del país tienen un edificio federal. Ahí es donde se lleva a cabo todos los trabajos de la corte. Ahí es donde están los Alguaciles de los Estados Unidos. Esa es una instalación administrada por el gobierno federal. Entonces, la Corte Suprema, el Congreso, el Poder Ejecutivo están en D.C.; y esa sería una imagen del Reino de Dios en el cielo donde todo se maneja federalmente desde la nación. Ese grupo de edificios federales en su condado sería considerado el Reino de Dios. Es la influencia de Washington D.C. en su condado.

Entonces, todo lo que D.C. está diciendo, ese edificio federal del condado lo hace cumplir porque tiene una posición federal en el condado. Cada vez que tienes que tratar con el gobierno federal, lo haces a través de ese edificio. ¿Por qué? Porque ese edificio lleva la influencia de D.C. Los arrestos y los juicios pueden ocurrir en este edificio federal. Pueden suceder vínculos y pérdidas. Hay casos que se pueden presentar allí y hay tribunales con juicios y jueces.

Jesús vino a restaurar el Reino de Dios en la tierra

El Reino de Dios en el cielo sería como D.C. en este escenario. Seríamos cómo esa influencia gobernante. Jesús ha venido a restaurar en la tierra el Reino de Dios, el gobierno de los cielos. Tú y yo somos ese edificio federal en la tierra.

La Ekklesia es esa representación del Reino de Dios. Lo llamamos el Reino de Dios en la tierra. Entonces, cuando queremos hacer cosas en la tierra, tenemos que entender que no somos la fuente, sino que estamos conectados a la fuente. Y la fuente nos ha dado la autoridad para hacer lo que hacemos en la tierra. Representamos a D.C. cuando hacemos cosas en nuestros condados a través de un edificio federal, y representamos al cielo cuando hacemos cosas aquí en la tierra. Y todo lo que hacemos aquí, en la tierra, tiene que estar ligado a lo que se hace en el cielo para que sea legal. No puedes simplemente hacer lo tuyo. No puedes simplemente crear tu propia iglesia o tu propia denominación, o tu propio movimiento. Todo tiene que venir del país de origen, el cielo. Nosotros como embajadores y ciudadanos estamos escuchando, oyendo y viendo lo que el Padre quiere que se haga en el cielo. Eso es lo que dijo Jesús en Mateo 6 cuando nos instruyó a orar.

Venga tu Reino.
Hágase tu voluntad, como en el cielo,
así también en la tierra.

Mateo 6:10

Venga el Reino de Dios. Hágase la voluntad de Dios. Que la intención del corazón de Dios se manifieste aquí en la tierra.

¿Cómo va a suceder eso realmente? Va a suceder a través de embajadores. Va a suceder a través de hijos e hijas que caminan en esta posición gubernamental como embajadores, como personas influyentes en una nación extranjera para nuestra patria.

Jesús vino a restaurar las leyes del cielo. ¿Cuáles son las leyes del cielo? Hay muchas de ellas. La mayor parte de lo que se enseña en las escrituras son leyes universales porque provienen del creador del universo. Dios no solo inventó un montón de reglas para la tierra. Para convertirnos en personas del Reino, debemos aprender los caminos del Reino. Amigos, va mucho más allá de la tierra.

La religión dice que vivir de acuerdo con las leyes es malo, aunque nos inspira a vivir de acuerdo con la ley. "No hagas esto. No toques eso. La religión dice que las leyes son límites que nos mantienen en cautiverio y que no necesitamos las leyes que encontramos en la Biblia. En el Reino de Dios, las leyes son libertad. Traen liberta. d. ¿Por qué? Porque la ley crea cultura.

ADMINISTRACIÓN

¿Qué nos da el estatus diplomático? Nos da ciertos derechos y autoridad. Más que eso, sin embargo, nos da responsabilidades. Requiere la administración del rango que tenemos como embajadores. Debemos asegurarnos de que las cosas que hacemos en la tierra cumplan con la voluntad de nuestra nación de origen, no de la nación en la que estamos trabajando. Por eso es ilegal que un embajador del cielo coexista con otras culturas.

No os unáis en yugo desigual con los incrédulos, porque
¿qué compañerismo tiene la justicia con la injusticia? ¿Y
qué comunión, la luz con las tinieblas? ¿Qué armonía
puede haber entre Cristo y Belial? ¿O qué parte el creyente
con el incrédulo? ¿Y qué acuerdo hay entre el templo de
Dios y los ídolos?

2 Corintios 6:14-16

> *Somos funcionarios del gobierno. Nuestros derechos y responsabilidades son de una estructura y orden gubernamental*

Los embajadores tienen rango diplomático en tierras extranjeras. Estamos en esta estructura mundial, pero no somos parte de ella. La religión dice que somos different porque somos salvos. No. Somos diferentes porque somos funcionarios del gobierno. Nuestros derechos y responsabilidades son de una estructura y orden gubernamental.

AUTORIDAD

Nuestra autoridad nos ha sido dada por la nación de origen (el cielo). Este mundo no determina nuestro nivel de autoridad. Dios determina eso. No estamos definidos por el mundo. Por lo tanto, cuando nos enfrentamos a las luchas en nuestra vida, no debemos sucumbir a las actitudes predominantes de supervivencia y pobreza.

Por mis visitas a la familia de Joan en Filipinas, sé que los embajadores no viajan en jeepneys. Un jeepney es un jeep que se han modificado en la parte trasera para que quepan 15 estadounidenses u 85 filipinos. Cuelgan de un lado. Se aferran a la parte superior. Van cerdos atados. Gallos también. Cómo esas cosas no se vuelcan es un enigma.

En otros lugares, se llaman tap-taps. El nombre se deriva del sonido cuando golpeas el techo, al hacerlo, este se detiene y puedes saltar. Así es el transporte público en Filipinas. Los embajadores se suben en tap-taps. Viajan en Land Rovers, Lincolns y Mercedes G-Wagons oscurecidos y a prueba de balas. Usan vehículos majestuosos. ¿Por qué? Porque su transporte no está dictado por el país anfitrión. Está determinado por su país de origen. Estados Unidos puede permitirse G-Wagons para sus diplomáticos. No los hace viajar en jeepneys.

La religión nos ha embrutecido y embotado con una mentalidad de pobreza. Amar a nuestro prójimo significa estar en la misma rutina que todos los demás en el mundo. Si tienes algo mejor, es profano.

Amigos, eso es una mentira religiosa. Nuestra provisión, nuestra riqueza y nuestra protección están determinadas por el Reino de Dios. Dios es un buen dador.

En Filipinas, la Policía Nacional de Filipinas no vigila la Embajada de los Estados Unidos. El Cuerpo de Marines de los EE. UU. hace eso. Es lo mismo en todo el mundo. Cuando estamos en Zimbabue, no vemos a la policía de Zimbabue custodiando la embajada de Estados Unidos. Pueden asociarse en algunos aspectos, pero los marines están a cargo. Eso es algo bueno, también. Tienen recursos de los que carece la nación anfitriona.

Los marines tienen comunicaciones que pueden llamar a un portaaviones. Los aviones de combate pueden llenar los cielos en cualquier momento. Sé que nuestro historial en este sentido no es perfecto, pero Estados Unidos se mantiene firme en sus embajadas.

El Embajador no es un funcionario electo. Es un funcionario designado respaldado por la nación que los nombra. Por lo tanto, no pueden ser despedidos por el país anfitrión. Su posición solo puede ser determinada por el país de origen.

Cuando nacemos de nuevo, nos convertimos en embajadores del cielo. Es por eso que no negociamos con fortalezas demoníacas. Los destruimos. No razonamos con salvajes; conquistamos salvajes. Recuperamos la propiedad que le pertenece al rey. Desalojamos a los ocupantes ilegales del reino invisible. Nuestra batalla no es contra personas sino contra potestades y principados. Este es el gobierno. Esta es la autoridad gubernamental. Este es el Reino de Dios en la tierra como en el cielo.

> *Vestíos de toda la armadura de Dios, para que podáis*
> *estar firmes contra las asechanzas del diablo, porque no*
> *tenemos lucha contra sangre y carne, sino contra*
> *principados, contra potestades, contra los gobernadores*
> *de las tinieblas de este mundo, contra huestes espirituales*
> *de maldad en las regiones celestes..*

Efesios 6:11-12

INMUNIDAD DIPLOMÁTICA

Los embajadores tienen inmunidad diplomática. El gobierno local no tiene autoridad sobre ellos. Si llevan un pasaporte diplomático negro, no pueden ser arrestados. El país anfitrión no puede retenerlos ni acusarlos. Los embajadores no pueden ser puestos en prisiones locales. ¿Por qué? Porque no se puede arrestar a un país. No se puede encarcelar a una nación. El embajador encarna a la nación. Incluso su familia tiene inmunidad diplomática. Ahora, un embajador puede ser retirado por comportamiento atroz. Para los creyentes nacidos de nuevo, ser retirado significa que regresamos al país de origen del cielo y esperamos la resurrección.

La inmunidad diplomática es un concepto poderoso cuando se aplica al Reino de Dios. Considere algunas de las protecciones que se nos prometen.

Os doy potestad de pisotear serpientes y escorpiones, y sobre toda fuerza del enemigo, y nada os dañará.

Lucas 10:19

vosotros sois de Dios y los habéis vencido, porque mayor es el que está en vosotros que él que está en el mundo.

1 Juan 4:4

Estas cosas os he hablado para que en mi tengáis paz. En el mundo tendréis aflicción, pero confiad, yo he vencido al mundo.

Juan 16:33

¿De qué tenemos que preocuparnos? Nada puede tocarnos. Ah… puede tocarnos, pero no puede prevalecer contra nosotros. Tenemos el poder y la autoridad para pisotear las cabezas de serpientes, escorpiones y todos los poderes del enemigo. Nada nos hará daño. No es porque tengamos un escudo de gloria a nuestro alrededor. Es porque tenemos inmunidad diplomática a nuestro alrededor. Todo nuestro país de origen nos está respaldando. Hasta el enemigo conoce y respeta el gobierno del reino de Dios.

En Lucas 10, Jesús envió a 72 embajadores con el poder y la autoridad de su país de origen.

¿De qué tenemos que preocuparnos?

Después de estas cosas, el Señor designó también a otros setenta, a quienes envió de dos en dos delante de él a toda ciudad y lugar adonde él había de ir.

Lucas 10:1

Echaban fuera demonios y curaban a los enfermos. Note que ellos hicieron todo eso antes de la muerte, resurrección y ascensión de Jesús. Ni siquiera habían nacido de nuevo. Eran lo que a las personas sensibles buscadoras de la verdad les gusta llamar "precristianos". Estaban en el proceso de convertirse en cristianos nacidos de nuevo. Pero estaban con el Rey y él les confirió la autoridad del Reino. ¡Ciertamente disfrutaron!

Regresaron los setenta con gozo, diciendo: ¡Señor, hasta los demonios se nos sujetan en tu nombre! Les dijo: Yo veía a Satanás caer del cielo como un rayo. Os doy potestad de pisotear serpientes y escorpiones, y sobre toda fuerza del enemigo, y nada os dañará. Pero no os regocijéis de que los espíritus se os sujetan, sino regocijaos de que vuestros nombres están escritos en los cielos."

Lucas 10:17-20

Jesús lo resumió muy bien: "Mira, no te emociones tanto por eso. Esto es lo que necesita para estar emocionado, que su nombre esté registrado en el cielo."

¿Qué dijo él? La buena noticia de que nuestros nombres están registrados en el cielo no significa: "Alégrate porque eres salvo y podrás ir al cielo cuando mueras". Jesús estaba diciendo: "Alégrate de que eres un ciudadano del Reino de Dios. Tu ciudadanía no está en este mundo. Está en otro mundo. Está en otra estructura gubernamental. Está en otro país lo que te da poder en este. Es por eso que podrías hacer cosas maravillosas."

> *El enemigo no puede tocarnos. No tiene poder sobre nosotros porque tenemos inmunidad diplomática*

Entonces, ¿cómo podemos invadir el espacio de otra persona cuando estamos en su país? ¿Cómo podemos imponer quiénes somos a otra nación soberana? Bueno, sucede todos los días. Dios ha levantado una nación en la tierra que demuestra esto bien. Son los Estados Unidos de América. Estados Unidos tiene poder implícito en naciones que no gobernamos. Tenemos influencia, gran influencia. Algunos lo llaman influencia manipuladora. No somos perfectos. Sin embargo, tenemos influencia en la mayoría de las naciones del mundo debido a nuestra fuerza y poder. Naciones han sido cambiadas por la palabra de nuestro presidente. Los líderes han sido desechados y los gobiernos transformados porque uno de nuestros altos funcionarios ordenó el cambio. En algunos casos funcionó bien; en otros no.

Cuando se ve a través de ciertos lentes hoy en día, podríamos pensar que eso no está bien. No deberíamos estar haciendo esas cosas. No escribo esto para defender todo lo que ha hecho Estados Unidos. Más bien, estoy trayendo un ejemplo de dónde tú y yo somos: el Reino de Dios. Entramos en otras estructuras gubernamentales, aquellas gobernadas por fortalezas demoníacas, y las derrocamos como hijos e hijas del Rey. De hecho, reemplazamos el liderazgo. Efectuamos un cambio en la lealtad de la población. Ya no son leales a las naciones que los han controlado en el pasado. Ahora son leales al Reino de Dios porque se han convertido.

Este es nuestro enfoque de vida y ministerio en nuestras comunidades, ciudades y naciones. La Ekklesia está instituyendo el liderazgo del Reino. No estamos tratando de llevar a un montón de gente al cielo. Estamos allí tratando de llevar el cielo a un grupo de personas. Ese fue el mandato de Jesús.

> *Padre nuestro que estás en los cielos,*
> *santificado sea tu nombre.*
> *Venga tu Reino.*
> *Hágase tu voluntad, como en el cielo, así también en la*
> *tierra.*

Mateo 6:9-10

Oramos para que se haga la voluntad de Dios en esta colonia de la tierra. Esta no es una idea posterior al rapto, posterior a la tribulación. Esta es una idea del presente. Jesús declaró enfáticamente que el Reino era inminente dentro de una generación de su presencia.

> *También les dijo:"De cierto os digo que algunos de los que*
> *están aquí no gustarán la muerte hasta que hayan visto*
> *que el reino de Dios ha venido con poder."*

Marcos 9:1

Por eso es importante el concepto de inmunidad diplomática cuando se opera en territorio enemigo, reclutando personas para lo que Dios ha puesto en nuestro corazón. El enemigo no puede tocarnos. No tiene poder sobre nosotros porque tenemos inmunidad diplomática. Somos agentes diplomáticos de alto rango de la nación soberana que nos patrocina.

Esto cambia nuestro enfoque de todo. Cualquier desafío a nuestro territorio está cruzando el territorio del cielo. Si has establecido tu ciudad como un lugar donde está el Reino de Dios, entonces esa ciudad, les guste o no, pertenece al Reino de Dios. ¿Cómo? Por la declaración de tus palabras.

Joan y yo oramos así:

> Franklin, Tennessee pertenece al Reino de Dios. Tomamos
> este territorio para el Reino. Tomamos las regiones
> circundantes para Dios. Nashville es para el Reino de Dios.
> A través de nuestra autoridad diplomática de nuestra
> nación natal, declaramos que el estado de Tennessee
> pertenece al Reino de Dios.

Veremos que las cosas cambian a medida que llevamos a cabo asignaciones de oración en esta nación. Es una invasión de diplomáticos y reyes. Nada puede detenerlo.

Desde que nosotros y otros hemos estado orando así, han habido muchos ministerios con mentalidad de Reino que se han mudado a nuestra área. Esta es una tarea para su área: Conduzca alrededor de los límites de su ciudad y haga declaraciones sobre su ciudad. Es posible que deba conducir por su ciudad. Lleva a alguien con usted. Tenga un conductor y un declarante. Comienza a declarar lo que quieres que suceda en tu región.

A medida que actuamos de acuerdo con lo que Dios pone en nuestros corazones, aprovechamos los recursos del cielo. Si tu padre fuera dueño de Exxon y te dijera que lleves a la familia por todo el país durante las vacaciones de verano, ¿crees que pagarías la gasolina? Pero, si rechazaste la asignación, nunca accederás a esa reserva en primer lugar.

ALIANZAS

En el mundo hacemos alianzas con otras naciones. Intercambiamos embajadores, construimos embajadas, liberamos el comercio y redactamos tratados para intercambios y protección interculturales. En la antigüedad, incluso intercambiamos a nuestros hijos en matrimonio para fortalecer el vínculo. (Excelente para los países, no tan bueno para los niños). En todas estas cosas, las naciones siguen siendo independientes. En el Reino de Dios, sin embargo, las naciones no permanecen independientes. Pasan a ser propiedad del Rey. Por eso Jesús dijo en Mateo:

> *Por tanto, id y haced discípulos a todas las naciones,*
> *bautizándolos en el nombre del Padre, del Hijo y del*
> *Espíritu Santo, y enseñándoles que guarden todas las*
> *cosas que os he mandado. Y yo estoy con vosotros todos*
> *los días, hasta el fin del mundo*
>
> Mateo 28:19-20

Ir y hacer discípulos de las naciones no significa solo enseñarles los caminos de Dios, sino impartirles cultura del Reino, saturarlos de influencia, conducirlos a Dios por el camino de su reino. A medida que los corazones hambrientos respondan al Espíritu de Dios, veremos naciones de la tierra transformadas para parecerse al cielo. Estamos experimentando eso hoy. La religión dice que no puede suceder. El Reino dice que está sucediendo. Jesús nos instruye a hacer discípulos de las naciones, llevándolos a la alineación y lealtad con el Reino de Dios... como está en el cielo.

PROTECCIÓN

> *Impartir cultura del reino, saturarlos de influencia, conducirlos a Dios por el camino de su Reino*

Las embajadas en países extranjeros ofrecen protección a los ciudadanos de esa embajada. Si Joan o yo, por ejemplo, estamos en algún lugar del mundo donde Estados Unidos tiene una embajada. Podemos ir a la embajada por ayuda y estar protegidos. Hay muchos casos de personas amenazadas por otros gobiernos que se refugian en una embajada. Las embajadas funcionan como microcosmos de su país de origen. Son territorio soberano.

REPRESENTANTES

Se espera que los diplomáticos sean ejemplos estelares de la nación que representan. De la misma manera, necesitamos presentar el Reino de Dios bajo una luz justa y favorable. Los estadounidenses tienden a americanizar cada país que encuentran. Sostenemos el ejemplo de la democracia como algo bueno, pero no funciona en todos los países. No está diseñado para funcionar con la cultura de todos los países.

No así, el Reino de Dios. Presentar y convertir es exactamente lo que estamos llamados a hacer. Buscamos trasplantar nuestra cultura a otras pueblos y naciones. Pero lo hacemos bien. El amor no alimenta a la fuerza. La parte hermosa es que vivir el evangelio hace que las personas tengan hambre de ser como nosotros. Seamos sinceros. Si no les gusta lo que ven, ninguna cantidad de persuasión los va a cambiar, a menos que una turba de nativos furiosos quemándonos en las hogueras sea considerado como estar en fuego por Dios.

Manejado apropiadamente, no habrá resistencia exitosa al mensaje que encarnamos. Recuerde del capítulo dos: uno planta, otro riega, y Dios da el crecimiento. Tenemos que ser pacientes, cuidadosos y auténticos. La Biblia dice que las personas en realidad tratan de forzarse a entrar al Reino de Dios.

Desde los días de Juan el Bautista hasta ahora, el reino de los cielos sufre violencia, y los violentos lo arrebatan.

Mateo 11:12

Hay una libertad que viene con el Reino de Dios. Las personas y las naciones saben cuándo necesitan a Dios. Simplemente no saben cuál es la respuesta... hasta que aparecemos. La religión engendra resistencia y persecución. Eventualmente la gente se cansa de eso. Pero el Reino trae vida. Es difícil rechazar eso. La gente lo quiere y no pueden explicar por qué.

A pesar de la propaganda en sentido contrario, la mayor parte del mundo todavía ve a los Estados Unidos para traer cosas buenas. Quieren esa influencia en su tierra. Esperan que siempre tomemos el camino correcto y hagamos lo correcto y lo bueno. Es lo mismo con el Reino de Dios. Gran parte de lo que significa ser un embajador se reduce a simples actos de bondad.

Y cualquiera que dé a uno de estos pequeños un vaso de agua fría solamente, por cuanto es discípulo, de cierto os digo que no perderá su recompensa.

Mateo 10:42

La religión pura y sin mancha delante de Dios el Padre es ésta: visitar a los huérfanos y a las viudas en sus tribulaciones y guardarse sin mancha del mundo.

Santiago 1:27

> *El Reino trae vida. Es difícil rechazar eso*

Estados Unidos hace todo lo que puede para ser una fuerza positiva en los países en los que opera. Los infantes de marina y otro personal de la embajada desempeñan un papel importante para estimular la buena voluntad en el extranjero. Los verás cavando pozos, instalando tiendas de campaña para hospitales y operando maquinaria pesada cuando ocurren desastres naturales. ¡También se puede contar con los infantes de la marina para impartir clases de pulido de botas! Están allí, haciendo el bien a las personas que no son ciudadanos de Estados Unidos. Eso es lo que estamos llamados a hacer, tanto como estadounidenses como ciudadanos del Reino. Que sepamos hacer el bien y sin embargo no lo hagamos, eso es pecado.

El que sabe hacer lo bueno y no lo hace, comete pecado..

Santiago 4:17

Como ciudadanos del Reino, tú y yo estamos obligados a hacer el bien a las personas que aún no son ciudadanos del Reino de Dios. Nuestras acciones hablan mucho más fuerte que nuestras palabras.

Predicar el evangelio en todo tiempo. Cuando sea necesario, utilice palabras.

San Francisco

Que nosotros y nuestra nación del cielo seamos recibidos con gozo, expectativa, incluso celos de querer ser un ciudadano del Reino. Gran parte del mundo nos admira. He visto la alegría en los rostros de personas empobrecidas que están recibiendo bienes y servicios "Cortesía del Pueblo de los Estados Unidos". Eso es poderoso.

En Filipinas, el monte Pinatubo explotó en 1991. El personal de la base aérea de Clark y otras bases en todo la nación acudieron para ayudar al país.

Hay una razón por la cual nuestra frontera sur está llena de inmigrantes. La gente está desesperada por el trabajo, por la libertad. Los que están aquí ilegalmente no quieren volver a su país porque han aprendido a disfrutar de esta forma de vida. Harán cualquier cosa para quedarse aquí.

Lo mismo debería estar sucediendo en el Reino de Dios. Personas de otras naciones teológicas deberían estar clamando en nuestras fronteras proverbiales. ¿Ha notado alguna vez que nos referimos a la Nación del Islam, no a la Religión del Islam? Tienen un concepto de gobierno y autoridad en su estructura. Las religiones del mundo cuestionarán lo que creen cuando vean lo bueno en nosotros que no ven en su religión. ¿Por qué? Porque cuando nos ven, no están mirando a otra religión. Están buscando un reino que pueda proporcionar lo que su religión prometió pero nunca entregó.

Necesitamos ejercer nuestros derechos y responsabilidades como embajadores, hijos e hijas y reyes. Estos tres grandes títulos nos definen. Cada uno de ellos tiene una influencia y autoridad diferente, pero todos están enfocados en nuestro país natal del cielo. ¡Aleluya!

5

Influencia

Desde entonces comenzó Jesús a predicar y a decir:
«¡Arrepentíos, porque el reino de los cielos se ha
acercado."

Mateo 4:17

EL PROPÓSITO DIVINO ORIGINAL DE DIOS era establecer una comunidad de ciudadanos celestiales en la tierra, extendiendo así la cultura del cielo en la tierra. Esto fue paralelo a la Ekklesia en el mundo romano. Era su responsabilidad entrar en una ciudad conquistada y cambiar su cultura a la romana.

La misión de Jesús fue y es restaurar la tierra al Reino de Dios, a semejanza de la cultura del cielo.

EL PODER DE LA CIUDADANÍA

En este capítulo, estaré enseñando de un pasaje en Hechos. Lo que sigue es un recuento de un episodio de las aventuras del apóstol Pablo mientras se esforzaba por traer el Reino de Dios a los judíos, un pueblo que se consideraba a sí mismo, y solo a sí mismo, como ese reino. Primero, la versión oficial:

Pero cuando estaban para cumplirse los siete días, unos
judíos de Asia, al verlo en el Templo, alborotaron a toda la
multitud y le echaron mano, gritando: ¡Israelitas, ayudad!
Éste es el hombre que por todas partes enseña a todos

contra el pueblo, la Ley y este lugar; y además de esto, ha metido a griegos en el Templo y ha profanado este santo lugar. Decían esto porque antes habían visto con él en la ciudad a Trófimo, de Éfeso, a quien pensaban que Pablo había metido en el Templo. Toda la ciudad se alborotó, y se agolpó el pueblo. Apoderándose de Pablo, lo arrastraron fuera del Templo, e inmediatamente cerraron las puertas. Intentaban ellos matarlo, cuando se le avisó al comandante de la compañía que toda la ciudad de Jerusalén estaba alborotada. Éste, inmediatamente tomó soldados y centuriones y corrió a ellos. Cuando ellos vieron al comandante y a los soldados, dejaron de golpear a Pablo. Entonces, llegando el comandante, lo prendió y lo mandó atar con dos cadenas, y preguntó quién era y qué había hecho. Pero, entre la multitud, unos gritaban una cosa y otros otra; y como no podía entender nada de cierto a causa del alboroto, lo mandó llevar a la fortaleza. Al llegar a las gradas, aconteció que era llevado en peso por los soldados a causa de la violencia de la multitud, porque la muchedumbre del pueblo venía detrás, gritando: ¡Muera! Cuando estaban a punto de meterlo en la fortaleza, Pablo dijo al comandante: ¿Se me permite decirte algo? Y él dijo: ¿Sabes griego?¿No eres tu aquel egipcio que levantó una sedición antes de estos días y sacó al desierto los cuatro mil sicarios? Entonces dijo Pablo: Yo de cierto soy hombre judío de Tarso, ciudadano de una ciudad no insignificante de Cilicia; pero te ruego que me permitas hablar al pueblo. Cuando él se lo permitió, Pablo, de pie en las gradas, hizo señal con la mano al pueblo. Se hizo un gran silencio, y comenzó a hablar en lengua hebrea, diciendo...

Hechos 21:27-40

El escenario es que Pablo fue a Jerusalén y se reunió con el concilio en Jerusalén, y le dieron un golpe. Los líderes religiosos estaban muy enojados con Pablo, y se pusieron furiosos cuando pensaron que había traído a un griego al templo. Esto, en sus mentes, era profanar su lugar santo.

La historia continúa con Pablo en el templo. Los líderes judíos agarraron a Pablo y lo acusaron en voz alta de todo, desde profanar el templo, robar los platos de la colecta, romper 12 de los 10 mandamientos, hasta violar el código de construcción local. Sus acusaciones vocales funcionaron según lo previsto; toda la ciudad fue provocada. Se formó una multitud, se apresuró, arrastró a Pablo fuera del templo, e inmediatamente las puertas del templo se cerraron detrás de él. Mientras le daban patadas y puñetazos e insultaban a Pablo, llegó un informe al comandante de la compañía romana de que toda Jerusalén estaba en un motín.

El comandante reunió a algunos soldados y centuriones y se dirigió al centro. ¿Recuerdas lo que era un centurión? Un hombre sobre cien hombres. Este comandante tomó a varios de ellos con él y corrió hacia el motín. Cuando la multitud sedienta de sangre vio al comandante y sus cientos armados hasta los dientes, dejaron de golpear a Pablo. Probablemente una buena elección de su parte.

Sin saber qué más hacer, el comandante ordenó que ataran a Pablo con cadenas mientras los instigadores en la multitud continuaban gritando acusaciones contra él.

Pero, entre la multitud, unos gritaban una cosa y otros otra; y como no podía entender nada de cierto a causa del alboroto, lo mandó llevar a la fortaleza. Al llegar a las gradas, aconteció que era llevado en peso por los soldados a causa de la violencia de la multitud, porque la muchedumbre del pueblo venía detrás, gritando: ¡Muera! Cuando estaban a punto de meterlo en la fortaleza, Pablo dijo al comandante: ¿Se me permite decirte algo? Y él dijo: ¿Sabes griego? ¿No eres tu aquel egipcio que levantó una sedición antes de estos días y sacó al desierto los cuatro mil sicarios? Entonces dijo Pablo: Yo

> *de cierto soy hombre judío de Tarso, ciudadano de una*
> *ciudad no insignificante de Cilicia; pero te ruego que me*
> *permitas hablar al pueblo."*

Hechos 21:34-39

Pablo tenía un plan y comenzó a ejecutarlo. "Soy judío de…" ¿qué? Tarso. Se identificó a sí mismo como "un ciudadano de una ciudad no insignificante". En esencia: "Pertenezco a una ciudad de gran influencia".

Note que el énfasis de Pablo no estaba en su religión, sino en su ciudadanía.

> *te ruego que me permitas hablar al pueblo. Cuando él se lo*
> *permitió, Pablo, de pie en las gradas, hizo señal con la*
> *mano al pueblo. Se hizo un gran silencio, y comenzó a*
> *hablar en lengua hebrea, diciendo…*

Hechos 21:39-40

¿Qué estaba haciendo Pablo? Él tiene un grupo de fariseos y saduceos que enardecen a una multitud lista para matarlo. Pero declaró que es judío y ciudadano de una ciudad muy importante. Entonces Pablo les habló en el dialecto local. Estaba demostrando el poder de la ciudadanía, pero de una manera que los lugareños pudieran entender. Estaba siendo genuino.

> *"Hermanos y padres, oíd ahora mi defensa ante vosotros.*
> *Al oír que les hablaba en lengua hebrea, guardaron más*
> *silencio. Él les dijo: «Yo de cierto soy judío, nacido en Tarso*
> *de Cilicia, pero criado en esta ciudad, instruido a los pies*
> *de Gamaliel, estrictamente conforme a la Ley de nuestros*
> *padres, celoso de Dios como hoy lo sois todos vosotros.*
> *Perseguía yo este Camino hasta la muerte, prendiendo y*
> *entregando en cárceles a hombres y mujeres; como el*
> *Sumo sacerdote también me es testigo, y todos los*
> *ancianos, de quienes también recibí cartas para los*
> *hermanos, fui a Damasco para traer presos a Jerusalén*

también a los que estuvieran allí, para que fueran castigados.

Hechos 22:1-5

> Pablo estaba demostrando el poder de la ciudadanía, pero de una manera que los lugareños pudieran entender. Estaba siendo genuino.

Veamos lo que Pablo le dijo a la gente. "Hermanos y padres, oíd mi defensa que ahora os ofrezco". Está estableciendo una relación con la multitud.

"Y cuando oyeron que se dirigía a ellos en el dialecto hebreo, se callaron aún más". Empezaron a escuchar. ¿Por qué? Porque aprovechó su cultura, una cultura que conocía bien.

"Yo soy judío, nacido en Tarso, criado en esta ciudad, instruido bajo Gamaliel, estrictamente según la ley de nuestros padres, siendo celoso de Dios como todos vosotros lo sois hoy."

Hay un par de cosas aquí. Pablo usó palabras y nombres que le daban estatus. Él estaba diciendo: "Soy judío; soy hebreo; soy ciudadano de Tarso", que era una de las ciudades más influyentes de esa región. Además, Pablo dijo: "Fui educado con Gamaliel", que era la escuela mas prestigiosa de toda la nación. Esta escuela no era una escuela pública; era una escuela privada. Había que tener dinero para ir allí. Pablo era de una familia muy rica. No es de extrañar, cuando dio sus credenciales, la multitud fue silenciada.

Déjame decirte algo. Cuando entras en un lugar y das tus credenciales, las cosas se calman. ¿Por qué? Porque vienes de un lugar de influencia y prestigio. Vienes de la nación más grande del universo: el Reino de Dios.

Mientras te paras frente a multitudes y fuerzas dispuestas en tu contra, que buscan matarte, matar tu mensaje y tu influencia, puedes decir: "Soy de la nación de todas las naciones. Soy ciudadano de la ciudad de todas las ciudades. Escucha lo que estoy a punto de decirte. Y al hacerlo, se liberará una autoridad y una curiosidad. La gente se detendrá el tiempo suficiente para juzgar tu autenticidad por lo siguiente que salga de tu boca. Así que mejor hazlo bien.

CREDENCIALES

Tomemos un desvío rápido para aprender sobre algunos judíos que no pasaron la prueba de autenticidad. De nuevo, del libro de los Hechos:

> *Pero algunos de los judíos, exorcistas ambulantes, intentaron invocar el nombre del Señor Jesús sobre los que tenían espíritus malos, diciendo: «¡Os conjuro por Jesús, de quién predica Pablo!» Había siete hijos de un tal Esceva, judío, jefe de los sacerdotes, que hacían esto. Pero respondiendo el espíritu malo, dijo: «A Jesús conozco y sé quién es Pablo, pero vosotros, ¿quiénes sois?» El hombre en quien estaba el espíritu malo, saltando sobre ellos y dominándolos, pudo más que ellos, de tal manera que huyeron de aquella casa desnudos y heridos.*
>
> Hechos 19:13-16

Esto es lo que se conoce en los sagrados salones de la academia como Los Siete Estúpidos Hijos de Esceva. Encontraron a un hombre poseído por un demonio, y dijeron: "Salid de él en el nombre de Jesús, de quien Pablo predica."

Ahora, al menos tuvieron el buen sentido de usar "de quién" y no "quién", pero desafortunadamente, no tenían autoridad de embajador a través de la ciudadanía para desafiar a este espíritu maligno. Ellos no sabían eso, pero el demonio sí.

"Conozco a Jesús y reconozco a Pablo, pero ¿quién eres tú?"

En realidad, una mejor traducción sería: "Jesús, lo conocemos. Pablo, lo estamos conociendo."

En esencia: "Pablo ha comenzado a traernos el mismo problema que nos trajo su Secretario de Estado, Jesús. Pero a ustedes, siete tontos, no los conocemos."

> *La gente se detendrá el tiempo suficiente para juzgar si eres genuino por lo siguiente que salga de tu boca. Así que mejor hazlo bien*

El tipo poseído luego saltó y los golpeó, les arrancó la ropa y salieron corriendo. Se podría decir que fracasaron en el ministerio de liberación, por lo que en su lugar comenzaron un ministerio sin ropa. Primera Iglesia de los Neófitos Desnudos.

¿Por qué las cosas salieron tan mal para los Siete Estúpidos? No es que no fueran salvos. Aquí está nuestra pista. La reacción del demonio no fue una reacción religiosa, fue una reacción gubernamental. Él estaba diciendo: "Tengo autoridad aquí. Me he encontrado con Jesús. Y nos estamos encontrando con la autoridad que trae Pablo. Pero ustedes no tienen autoridad. Tú no eres uno de ellos. Por lo tanto, no tienes poder sobre nosotros."

Claramente, el poder demoníaco reconoció el poder gubernamental. También vemos esto de Mateo.

> *Cuando llegó a la otra orilla, a la tierra de los gadarenos, vinieron a su encuentro dos endemoniados que salían de los sepulcros, feroces en gran manera, tanto que nadie podía pasar por aquel camino. Y clamaron diciendo: ¿Qué tienes con nosotros, Jesús, Hijo de Dios? ¿Has venido acá para atormentarnos antes de tiempo?"*
>
> Mateo 8:28-29

Cuando los demonios preguntaron cuál era el negocio de Jesús con ellos, no estaban haciendo una pregunta religiosa. No leemos: "¿Por qué estás aquí para negociar con nosotros antes de tiempo?" No hubo negociación involucrada aquí. Si estás leyendo desde una versión antigua de la Biblia, cada vez que lees palabras que tienen la terminación *"éis"* como por ejemplo: *"regocijéis"*, (que se refieren al pronombre "vosotros"), en ese momento ya supones que las cosas se van a poner bien bíblicas.

Ahora sí, más adelante en la historia, los demonios rogaron que les permitieran entrar en una hato de cerdos cercana, y Jesús se lo permitió.

> *Estaba paciendo lejos de ellos un hato de muchos cerdos. Y los demonios le rogaron diciendo: Si nos echas fuera, permítenos ir a aquel hato de cerdos. Él les dijo: Id. Ellos salieron y se fueron a aquel hato de cerdos, y entonces todo el hato de cerdos se lanzó al mar por un despeñadero, y perecieron en las aguas.*
>
> Mateo 8:30-32

Tenga en cuenta, sin embargo, que esta no fue una negociación en la que cada parte renuncia a algo para llegar a un acuerdo. Jesús siempre estuvo a cargo. Esos demonios que estaban saliendo ya sea que se identificaran como cerdos o no. Jesús estaba allí para hacer cumplir un contrato y disolver otro.

Como se nos dice en 1 Juan:

> *El que practica el pecado es del diablo, porque el diablo peca desde el principio. Para esto apareció el Hijo de Dios, para deshacer las obras del diablo.*
>
> 1 Juan 3:8

Tratar con los demonios en los hombres poseídos fue solo una forma en que Jesús ejerció la autoridad gubernamental para destruir la obra del diablo. Jesús no hizo un acto religioso para echar fuera demonios. Él era el gobierno. Él también podría haber dicho: "¡En mi nombre ¡Salgan!"

Las personas religiosas también pueden expulsar demonios, pero no pueden mantenerlos fuera de la persona. Peor aún, los demonios suelen traer amigos cuando regresan. ¿Por qué? Porque la persona liberada se queda en el contexto de la religión. No entienden los derechos gubernamentales de un creyente, por lo que no tienen base para permanecer libres. Necesitan aprender qué es realmente la libertad. La libertad no es dormir hasta tarde el domingo por la mañana porque no tienes el deber de ujier. La libertad es mirar la esclavitud directamente a los ojos y darte cuenta de que ya no perteneces allí. Eres libre.

Cada vez que echamos fuera un demonio de alguien con base en la autoridad gubernamental, tenemos la capacidad de traer a esa persona al Reino, estableciéndolos como hijos e hijas. El enemigo no puede volver porque la casa está llena. Ahora tiene un trono y un rey ocupándolo, gobernando y reinando con propósito.

La ciudadanía en el Reino trae autoridad, no membresía. La religión confiere pertenencia. No somos miembros; somos ciudadanos. La membresía nos restringe a través de la religión. La ciudadanía nos empodera a través de la identidad nacional. ¡Gloria a Dios!

> *La ciudadanía trae autoridad… Nos empodera a través de la identidad nacional.*

Volvamos a los esfuerzos de Pablo por compartir su testimonio con una multitud enfurecida que intenta convertirlo en mártir. Como recordarán, el comandante romano le acaba de dar permiso a Pablo para hablar. Pablo comenzó en el dialecto hebreo y la multitud se quedó en silencio. Esto es parte de lo que Pablo les dijo.

Perseguía yo este Camino hasta la muerte, prendiendo y entregando en cárceles a hombres y mujeres; como el Sumo sacerdote también me es testigo, y todos los ancianos, de quienes también recibí cartas para los hermanos, fui a Damasco para traer presos a Jerusalén también a los que estuvieran allí, para que fueran castigados. Pero aconteció que yendo yo, al llegar cerca de Damasco, como a mediodía, de repente me rodeó mucha luz del cielo. Caí al suelo y oí una voz que me decía: "Saulo, Saulo, ¿por qué me persigues?

Hechos 22:4-7

Pablo les estaba ofreciendo su testimonio, uno que tenía el poder de convertir a toda la nación judía, una nación que, en ese mismo momento, estaba bajo el control férreo de la opresión romana. A los judíos se les estaba ofreciendo la libertad... otra vez. Y tal como lo hicieron con Jesús, gritaron: "¡Llévense a ese hombre...!"

Lo oyeron hasta esta palabra; entonces alzaron la voz,
diciendo: ¡Quita de la tierra a tal hombre, porque no
conviene que viva!"

Hechos 22:22

La religión es una fuerza perversa. No era la multitud de judíos que querían matar a Pablo. Ni siquiera conocían a Pablo. Estaban furiosos contra lo que les habían dicho que Pablo representaba. Fueron sus líderes religiosos quienes querían matar a Pablo. Necesitaban que la multitud... y los romanos... lo hicieran por ellos.

Y como ellos gritaban, arrojaban sus ropas y lanzaban
polvo al aire.

Hechos 22:23

¿Te imaginas esta escena? Estas personas fueron atormentadas; tenían manifestaciones religiosas demoníacas. Es posible que hayan tenido éxito en matar a Pablo, pero las fuerzas de la muerte que los impulsaban los habrían destruido lentamente con el tiempo. Afortunadamente, Dios tenía otras ideas para Pablo.

mandó el comandante que lo metieran en la fortaleza y
ordenó que fuera azotado para que hablara, a fin de saber
por qué causa gritaban así contra él. Pero cuando lo
ataban con correas, Pablo dijo al centurión que estaba
presente: ¿Os está permitido azotar a un ciudadano
romano sin haber sido condenado?"

Hechos 22:24-25

Imagínese la escena. Estiraron a Pablo con correas de cuero atadas a sus brazos y piernas. Pablo no dijo nada. Dejó que lo ataran a ese poste de tortura. Él estaba esperando. El centurión que estaba de pie estaba pensando, *Este es otro judío problemático. Puedo hacer lo que quiera con este tipo.* Pero estaba a punto de descubrir lo equivocado que estaba.

Pablo le dijo al centurión: "¿Os es lícito azotar a un hombre que es romano y no ha sido condenado?"

Pablo estaba invocando su ciudadanía. No fue la educación de Pablo lo que llamó la atención del centurión, fue su pregunta. "¿Es lícito azotar, golpear a un ciudadano romano no condenado?" Las cosas se estaban calentando. Sacado de Hechos 22:26:

> *¿Os está permitido azotar a un ciudadano romano sin haber sido condenado? (RVR1995)*

Cuando el centurión oyó esto, fue donde el comandante y le dijo: "¿Qué vas a hacer? Porque este hombre es un romano."

En otras palabras, "Te estás preparando para cometer el error de todos los errores. No estás golpeando a un judío. Los judíos religiosos lo están acusando, pero este hombre ha entrado en nuestro mundo y ahora está haciendo preguntas sobre nuestra cultura, nuestro gobierno y nuestro trato porque afirma ser romano."

Le pudo haber funcionado a Pablo, ¿no? Hizo enfurecer a los líderes judíos, enardeció a la multitud, y al centurión romano temblando en sus sandalias.

> *El comandante se acercó a Pablo y le preguntó: Dime, ¿eres ciudadano romano? Pablo respondió: Sí."*
>
> Hechos 22:27

La ciudadanía no se puede identificar por el color de nuestra piel. No es la ropa que usamos. Ni siquiera los coches que conducimos. Se identifica por la cultura que mantenemos.

"Dime, ¿eres romano?

"Sí."

El comandante del centurión dijo: "¿Eres ciudadano romano? ¿Nos vas a meter en problemas?"

"Sí, soy romano. No estoy condenado. También soy judío y conozco algunos buenos abogados".

El comandante se quedó atónito.

> *El capitán dijo: A mí me costó mucho dinero obtener la ciudadanía romana. Pero Pablo dijo: Yo soy ciudadano romano de nacimiento"*
>
> Hechos 22:28

El comandante romano le dijo a Pablo: "Yo también soy romano, pero obtuve mi ciudadanía al comprarla por una gran suma de dinero".

En aquellos días, podías comprar la ciudadanía romana si eras lo suficientemente rico. Pablo ya identificó su riqueza al decir que fue instruido por Gamaliel. Sólo los ricos iban allí. El padre de Pablo era un comerciante y hombre de negocios muy rico. Comerciaba con los romanos en Israel y otras naciones. Tuvo gran influencia y pudo convertirse en romano.

Al comparar ciudadanías, Pablo le estaba dejando saber al comandante: "Mi ciudadanía supera a su ciudadanía".

Una ciudadanía comprada te da una clase, pero cuando naces ciudadano romano, te pone por encima de aquellos que compraron sus ciudadanías. Pablo dijo: "Puede que hayas pagado por la tuya, pero yo nací en la mía. Mi papá compró la suyo, pero yo soy romano porque nací de un ciudadano romano."

El ejemplo de Pablo para nosotros es este: cuando naces de nuevo, puedes mirar un principado o una fortaleza demoníaca sobre una región, y cuando comienzan a cuestionar tu posición, puedes decir: "No, no compré mi ciudadanía". No estoy haciendo actos religiosos para agradar al cielo. Esto no es penitencia. No estoy trabajando en mis pecados. Soy nacido del país del cielo. Estoy relacionado con esa nación por un linaje compartido con Jesús. No pagué mi papá es el rey. Soy un rey debajo de él."

Como ciudadanos del Reino, nos encontramos en un territorio en expansión por derecho inherente. ¿Por qué? Porque "de Jehová es la tierra y su plenitud" (Salmo 24:1). Y lo que es del Señor es nuestro.

¿Es legal…? El reino que estaba en el mundo cuando Adán tenía el control, todo pertenecía al Padre. Todo. Incluso los mundos y los reinos, las estructuras gubernamentales en la tierra, todos pertenecen a Dios, pero no todos están en las manos de Dios. Tú y yo debemos ir y devolverlos a las manos de nuestro rey.

Entonces, cuando nos paramos y enfrentamos una fortaleza demoníaca, no estamos allí para luchar contra ella. Estamos ahí para someterla. No estamos allí para tener una confrontación violenta. Estamos allí como representantes del Reino de Dios para someterlo a nuestro rey. Puede elegir someterse en paz, o puede perder todo lo que tiene... y lo hará.

Piénsalo. La religión no nos da esta oportunidad. La religión no nos otorga este poder y autoridad. El Reino lo hace. El Reino obtiene respeto como lo hizo con Pablo.

Entonces Pablo dijo: Pero yo lo soy de nacimiento. Así que, al punto se apartaron de él los que le iban a dar tormento; y aun el comandante, al saber que era ciudadano romano, también tuvo temor por haberlo atado.

Hechos 22:28-29

Pablo dijo aquí: "En realidad nací ciudadano". Por lo tanto, los que estaban a punto de examinarlo inmediatamente lo dejaron ir. Esta palabra, examinar, significa "indagar quién era él, interponerse entre él y la realidad para buscar fallas". Entonces, no iban a buscar fallas dentro de él o tratar de cambiar su realidad. En su lugar, inmediatamente lo dejaron ir. Hasta el comandante tuvo miedo cuando se dio cuenta de que había encadenado a un romano.

Este es el poder de la ciudadanía. Si la ciudadanía romana de Pablo podía hacer eso por él, ¿cuánto más puede hacer por ti tu ciudadanía en el Reino de Dios?

Los torturadores de Pablo se detuvieron de inmediato. Obedecían la autoridad del gobierno transmitida a través de la ciudadanía romana. Podemos experimentar lo mismo.n

Cuando nos encontramos en situaciones de agresión y persecución injustas, sabemos qué decir. "¿Es esto legal? A la luz de la muerte, sepultura, resurrección, ascensión y entronización de Jesús a la diestra del Padre, y la venida del Espíritu Santo a la tierra, ¿es legal que ustedes, fuerzas demoníacas, hagan lo que están tratando de hacerme? "

¡No, no es legal! ¿Por qué no? ¡Derechos inherentes a la Ciudadanía! ¡Gloria a Dios!

6

Límites

El Apóstol Pablo tenía sus fortalezas y debilidades, pero muchas de sus cualidades, como todos nosotros, no eran lo único que lo hacía progresar. Eran simplemente el hombre mismo, de pie como ciudadano del Reino, proclamando la verdad de Dios y sin importarle a quién ofendía. A veces eso funcionó mejor que otras veces.

> *Entonces Pablo, mirando fijamente al Concilio, dijo:*
> *Hermanos, yo con toda buena conciencia he vivido delante*
> *de Dios hasta el día de hoy. El sumo sacerdote Ananías*
> *ordenó entonces a los que estaban junto a él que lo*
> *golpearan en la boca.*
>
> Hechos 23:1-2

La situación descrita aquí comenzó en Hechos 21. De nuestro estudio en el capítulo anterior, sabemos que Pablo fue apresado por una turba violenta en Jerusalén. Alentada por los líderes judíos, la multitud enloquecida casi lo mata hasta que apareció el ejército romano, detuvo a Pablo y se lo llevó para interrogarlo. Estaban a punto de torturarlo para sacarle la verdad cuando Pablo declaró su ciudadanía romana, y sabiamente decidieron dejarlo en paz. La mañana siguiente procedió así:

> *Al día siguiente, queriendo saber con certeza la causa por*
> *lo cual lo acusaban los judíos, lo soltó de las cadenas, y*

> *mandó venir a los principales sacerdotes y a todo el*
> *Concilio, y sacando a Pablo, lo presentó ante ellos.*
>
> Hechos 22:30

Fue ante este consejo que Pablo recibió el golpe en la mandíbula. ¿Te gustaría estar viviendo esa escena? Pablo dijo: "Estoy viviendo una buena vida", y lo golpearon en la boca. Supongo que no les gustó escuchar eso. Ah, pero Pablo solo estaba calentando.

> *Entonces Pablo le dijo: ¡Dios te golpeará a ti, pared*
> *blanqueada! ¿Estás tú sentado para juzgarme conforme a*
> *la Ley, y quebrantando la Ley me mandas golpear?"*
>
> Hechos 23:3

Pablo estaba declarando límites. La ley es una parte importante de cualquier nación. Ese golpe creó un ambiente profético para él. De lo que Pablo estaba hablando aquí era de los límites gobernantes de la situación; la ley de la tierra; la cultura. Era uno que tenía que obedecer también.

> *Los que estaban presentes dijeron: ¿Al Sumo sacerdote de*
> *Dios insultas? Pablo dijo: No sabía, hermanos, que fuera el*
> *Sumo sacerdote, pues escrito está: "No maldecirás a un*
> *príncipe de tu pueblo."*
>
> Hechos 23:4-5

La respuesta de Pablo fue precisa para el ambiente religioso en el que se encontraba, pero observe que incorporó los principios del reino. Usó la frase: "Escrito está". Ahora, Pablo sabía que "escrito está" no es una frase religiosa. Es una frase gubernamental. Pablo trajo esto a la conversación para evitar recibir otro golpe en el labio. Pero lo hizo legalmente. Mientras el concilio lo interrogaba, Pablo usó las Escrituras a su favor.

> *Entonces Pablo, notando que una parte era de saduceos y*
> *otra de fariseos, alzó la voz en el Concilio: Hermanos, yo*
> *soy fariseo, hijo de fariseo; acerca de la esperanza y de la*
> *resurrección de los muertos se me juzga. Cuando dijo esto,*

se produjo discusión entre los fariseos y los saduceos, y la asamblea se dividió, porque los saduceos dicen que no hay resurrección ni ángel ni espíritu; pero los fariseos afirman que sí existen.

Hechos 23:6-8

"Hermanos, yo soy fariseo, hijo de fariseo; ¡Estoy en juicio por la esperanza y la resurrección de los muertos!" ¡Qué sabiduría!

Entonces hubo un gran vocerío y, levantándose los escribas de la parte de los fariseos, discutían diciendo: Ningún mal hallamos en este hombre; que si un espíritu le ha hablado, o un ángel, no resistamos a Dios. Como la discusión era cada vez más fuerte, el comandante, temiendo que Pablo fuera despedazado por ellos, mandó que bajaran soldados, lo arrebataran de en medio de ellos y lo llevaran a la fortaleza.

Hechos 23:9-10

Pablo expuso las fallas de su religión. Los atrapó en sus propias doctrinas en conflicto, poniéndolos unos contra otros. ¡Golpéense entre sí, hermanos!

RESPONSABILIDAD ANTE LA CAUSA

El comandante romano de Hechos 22, que había descubierto que Pablo era ciudadano romano por nacimiento, tenía la obligación de protegerlo en esta situación religiosa hostil, aunque el comandante no se adscribiera a la actividad religiosa. Mientras Pablo debatía con los líderes judíos, este comandante estaba allí para asegurarse de que Pablo, como ciudadano romano, estuviera seguro entre ellos. Lo más probable es que temiera las posibles repercusiones en su contra por haber encadenado a Pablo. *Encadené a un ciudadano romano en Hechos 22 y me disponía a azotarlo. Será mejor que me asegure de que salga con vida de Hechos 23. ¡Espero que alguien escriba Hechos 24 rápidamente!*

El poder de la ciudadanía hizo que el comandante romano de Jerusalén, un hombre que ni siquiera creía en la herencia judía de Pablo ni estaba de acuerdo con los fariseos o saduceos (o cualquiera de los "eos" que había en esos días), asumiera la responsabilidad de Pablo en este ambiente hostil.

Tu ciudadanía en el Reino es importante, así que cuando te encuentres en situaciones religiosas adversas, no tengas miedo de decir lo que sabes, porque tienes una nación que te respalda.

> *A la noche siguiente se le presentó el Señor y le dijo: «Ten ánimo, Pablo, pues como has testificado de mí en Jerusalén, así es necesario que testifiques también en Roma."*

Hechos 23:11

> *No tengas miedo de decir lo que sabes, porque tienes una nación que te respalda.*

Esta es la imagen perfecta de la ciudadanía y la responsabilidad del Reino. En la noche inmediatamente posterior al drama que puso en peligro la vida de Pablo, cuando testificó a la nación judía, de la cual era ciudadano, el Señor estuvo al lado de Pablo y lo llamó a dar testimonio del Reino de Dios en Roma, del cual también era un ciudadano. Pablo tenía la responsabilidad con la nación de la que era ciudadano, de ser testigo de la causa del Reino.

¿No hay una causa?

Goliat y sus cuatro hermanos aparecieron en la tierra de Judá. La familia de David era de la tribu de Judá. En nuestra lengua vernácula, eran ciudadanos de Judá. La ciudadanía confería ciertos derechos y responsabilidades, entre ellos estaba la protección de las fronteras. La tribu de David también era conocida como los Lanzadores de Piedra. Los hermanos mayores de David tomaron la incursión de Goliat y los filisteos como algo personal, por lo que se unieron al ejército para repeler a los invasores. Pero la vista del gigante que empuñaba una lanza envió escalofríos por sus espinas dorsales, y todos huyeron para ponerse a cubierto.

David, que se había quedado atrás para atender la granja familiar, fue enviado con provisiones a sus hermanos al frente de batalla. Ellos, junto con el resto del ejército, estaban agazapados en el poderoso nombre del valor escondidos detrás de unas rocas.

Se levantó, pues, David de mañana, y dejando las ovejas al cuidado de un guarda, se fue con su carga como Isaí le había mandado. Llegó al campamento cuando el ejército salía en orden de batalla y daba el grito de combate. Se pusieron en orden de batalla Israel y los filisteos, ejército frente a ejército. Entonces David dejó su carga en manos del que guardaba el bagaje, y corrió al ejército; cuando llegó preguntó por sus hermanos, si estaban bien. Mientras hablaba con ellos, aquel paladín que se ponía en medio de los dos campamentos, llamado Goliat, el filisteo de Gat, salió de entre las filas de los filisteos diciendo las mismas palabras, y lo oyó David.

1 Samuel 17:20-23

David escuchó a Goliat y decidió que iba a tratar con él. Por supuesto, esto no les pareció bien a sus hermanos.

Al oírlo hablar así con aquellos hombres, Eliab, su hermano mayor, se encendió en ira contra David y le dijo: ¿Para qué has descendido acá? ¿A quién has dejado aquellas pocas ovejas en el desierto? Yo conozco tu soberbia y la malicia de tu corazón; has venido para ver la batalla. ¿Qué he hecho yo ahora? ¿No es esto mero hablar? —dijo David. Y, apartándose de él, se dirigió a otros y les preguntó de igual manera; y el pueblo le dio la misma respuesta de antes.

1 Samuel 17:28-30

En la Biblia del Jubileo, tenemos la réplica de David declarada mas enfáticamente.

Y David respondió: ¿Qué he hecho yo ahora? ¿no hay razón?

1 Samuel 17:29 (JBS)

David pronunció un grito de guerra que resonó en todo el reino. "¿No hay una causa?" ¿No hay una causa del reino? ¿Una causa gubernamental? David no estaba dispuesto a permitir que ese filisteo incircunciso tomara la tierra que era su herencia, una tierra que estaba destinado a gobernar. (Aunque no sabía que iba a gobernar como rey; como ciudadano, igual tomó posesión). Aparentemente, había una causa, porque la declaración de David llegó a oídos del rey Saúl.

_____

"¿No hay una causa?" Como ciudadanos del reino, podemos responder enfáticamente: "Sí, hay una causa".

_____

Y Saúl vistió a David con sus ropas, y puso sobre su cabeza un casco de acero, y le armó de cota. Y ciñó David la espada de Saúl sobre los vestidos de Saúl, y probó a andar, porque nunca lo había experimentado. Y dijo David a Saúl: Yo no puedo andar con esto, porque nunca lo experimenté. Y echando de sí David aquellas cosas, tomó su cayado en su mano, y tomó cinco piedras lisas del arroyo, y las puso en el saco pastoril, en el zurrón que traía, y con su honda en su mano se fue hacia el filisteo.

I Samuel 17:38-40

Saúl trató de vestir a David con la armadura del día, pero David dijo: "No he probado este equipo. Tengo que luchar con lo que he sido entrenado mientras estaba allá en el desierto. Soy un lanzador de piedras. Soy de Judá, y este gigante ha invadido Judá. Trataré con él como mi familia trata las cosas. Nuestro lema: Todo el mundo debería ser apedreado."

David tomó cinco piedras lisas del arroyo de Judá y se enfrentó a Goliat, el bruto que buscaba esclavizar a su pueblo y apoderarse de su tierra. Esa no fue una motivación religiosa; fue una motivación gubernamental. Era una nación tratando de vencer a otra nación.

Todos conocemos el resto de la historia. Era David 1 - Gigante 0. David pasó por pruebas y tribulaciones y finalmente reinó en Israel. En las palabras motivadoras de David, encontramos una lección eterna. Como ciudadano de Judá, David declaró: "¿No hay una causa?". Como ciudadanos del Reino, podemos responder enfáticamente: "Sí, hay una causa."

Las palabras del Señor a Pablo en Hechos 23:11 hacen eco de esto. Parafraseado, Jesús estaba diciendo: "...tú has testificado solemnemente de mi causa en Jerusalén, así que también debes testificar en Roma".

La causa continúa mientras los ciudadanos del Reino avanzan contra los gigantes, en el nombre de Jesús.

EL NOMBRE DE JESÚS

Cuando se nos dice el nombre de Jesús, es de escrituras como esta:

Todo lo que pidáis al Padre en mi nombre, lo haré, para que el Padre sea glorificado en el Hijo.

Juan 14:13

Hasta ahora nada habéis pedido en mi nombre; pedid, y recibiréis, para que vuestro gozo sea completo.

Juan 16:24

Pedro les dijo: Arrepentíos y bautícese cada uno de vosotros en el nombre de Jesucristo para perdón de los pecados, y recibiréis el don del Espíritu Santo.

Hechos 2:38

> *Pero Pedro dijo: No tengo plata ni oro, pero lo que tengo te doy: en el nombre de Jesucristo de Nazaret, levántate y anda."*
>
> Hechos 3:6

> *Por eso Dios también lo exaltó sobre todas las cosas y le dio un nombre que es sobre todo nombre, para que en el nombre de Jesús se doble toda rodilla de los que están en los cielos, en la tierra y debajo de la tierra; y toda lengua confiese que Jesucristo es el Señor, para gloria de Dios Padre.*
>
> Filipenses 2:9-11

Sabemos que cuando decimos "en el nombre de Jesús", no significa simplemente decir Jesús. Las frases, "en mi nombre" o "en el nombre de..." significan "comprar, adherirse y someterse a la causa y el propósito de uno". El concepto aquí es lealtad completa.

Entonces, cuando decimos "en el nombre de Jesús", esa no es nuestra pata de conejo de la suerte. No es una etiqueta que pegamos al final de una oración para obtener lo que queremos. No es el sello postal lo que asegura la liberación. Jesús no es el código de seguridad en el reverso de nuestras tarjetas de crédito, el que siempre se borra al deslizarla cien veces al día.

Sí, Dios tiene que responder mi oración ahora. Dije "en el nombre de Jesús" al final. Ahora está legalmente obligado. "Dios, TÚ dijiste en TU Palabra que...."

No, no, 100 veces no. Cuando usamos el nombre de Jesús, es un reconocimiento de que hemos comprado su causa, asimilados a su tarea y propósito. Es el sello en nuestros pasaportes, otorgándonos los derechos como ciudadanos para entrar y salir a nuestro antojo.

La aceptación no es solo intelectual; es la vida misma. Hemos cambiado de ciudadanía, cambiado de fuentes, comido del árbol de la vida. Hemos salido del reino de las tinieblas y hemos entrado en el reino de la luz. Entendemos el significado de la declaración: ¿No hay una causa? y lo hemos respondido.

"Jesús, tu causa es mi causa. Tu propósito es mi propósito".

Esa es la experiencia de nacer de nuevo. Solo entonces vemos el Reino de Dios.

> *Respondió Jesús: De cierto, de cierto te digo que el que no nace de agua y del Espíritu no puede entrar en el reino de Dios.*
>
> Juan 3:5

DEFINICIONES DEL REINO

> *Orad en todo tiempo con toda oración y súplica en el Espíritu, y velad en ello con toda perseverancia y súplica por todos los santos y por mí, a fin de que al abrir mi boca me sea dada palabra para dar a conocer con denuedo el misterio del evangelio.*
>
> Efesios 6:18-19

Cuando usamos el nombre de Jesús, es un reconocimiento de que hemos comprado su causa, asimilados a su tarea y propósito.

Como decimos a menudo en estos estudios, hasta que entendamos las definiciones de los términos, nuestra comunicación es infructuosa. (A menos que la confusión, la desilusión y la ira vacía se consideren frutos).

La palabra griega para *embajador* es *presbeuo* y significa "ser el mayor, tener prioridad". Entonces, un Embajador es un anciano, no como persona de edad mayor, sino como un líder autoritario. Podrías decir: "No soy un anciano", pero eso no es cierto de acuerdo con esta definición. Puede que no haya sido nombrado anciano en una capacidad religiosa, pero si es un embajador, es un anciano en el Reino de Dios.

La palabra griega *Ekklesia* significa "una asamblea, una congregación". En la cultura griega, los *Ekklesia* eran ancianos que se sentaban a las puertas y regulaban lo que entraba y salía de la ciudad. En otras palabras, mantuvieron los límites. "¿Entrada y salida de mercancías? Ningún problema. Sólo paga el impuesto especial. Fanáticos merodeadores con la intención de incitar disturbios? No, no puedes entrar. Ya tenemos a Greg Hood y sus secuaces aquí. No es necesario que se presenten más fanáticos."

Como ciudadanos del Reino, somos embajadores y ancianos de la Ekklesia. Ponemos límites y determinamos lo que entra y sale del país. El sentido es el de un presbiterio, que es un grupo de ancianos que funciona como un cuerpo regulador, pero es más.

Los embajadores son diferentes a los presbíteros que vemos en 1 Corintios 12 y Efesios 4. Es una composición diferente, pero se le aplica el mismo principio que los embajadores que ingresan a una región o área. Trabajamos junto con aquellos que están asignados con nosotros como ancianos para determinar qué permitimos entrar y qué expulsamos.

Qué Consumes

Hermanos, sed imitadores de mi y mirad a los que así se conducen según el ejemplo que tenéis en nosotros, porque por ahí andan muchos, de los cuales os dije muchas veces, y aun ahora lo digo llorando, que son enemigos de la cruz de Cristo. El fin de ellos será la perdición. Su dios es el vientre, su gloria es aquello que debería avergonzarlos, y sólo piensan en lo terrenal. Pero nuestra ciudadanía está en los cielos, de donde también esperamos al Salvador, al Señor Jesucristo. Él transformará nuestro cuerpo mortal en un cuerpo glorioso semejante al suyo, por el poder con el cual puede también sujetar a sí mismo todas las cosas.

Filipenses 3:17-21

Había dos grupos principales de personas con las que Pablo trató a lo largo de su ministerio: los que eran del Reino y los que eran religiosos. A veces era la religión pagana, y a veces era la religión judía, "cuyo fin es la destrucción, cuyo dios es su apetito, y cuya gloria está en su vergüenza."

Cuando Pablo habla de su apetito o de sus vientres, habla de lo que consumen, de lo que atraen. Al igual que la Ekklesia a las puertas de la ciudad, Pablo estaba hablando de algo más que comer. Hablaba de lo que atraían a sus vidas, lo que parecía satisfacerlos tanto espiritual como físicamente. Como miembros de las religiones paganas, su fuente eran sus dioses demoníacos.

Entonces, el consumo en la amonestación de Pablo no era como tener otro sándwich, de pan de centeno, sin pepinillos. No se trataba de gula. Escuché a la religión interpretarlo así, justo antes de que programaran el próximo platillo de la cena. En verdad, Pablo estaba escribiendo sobre lo que la gente asimilaba en todos los niveles de la vida.

Recuerde del capítulo 2: Las elecciones más importantes que hacemos en la vida son aquellas relacionadas con quién y qué admitimos en nuestras vidas. Admitir está estrechamente relacionado con otra palabra: *creer*.

Es por eso que Jesús enfatizó "si crees". La razón es que nuestro sistema de creencias nos cambia. Creer algo es dar acceso a nuestro ser más íntimo. Es esa pequeña ventana que nos advierte que algún software descargado quiere acceder a nuestros archivos, nuestras fotos y toda la información de nuestra cuenta bancaria, y le damos al "SÍ"."

Cuando queremos mejorar nuestra salud, regulamos lo que admitimos en nuestras vidas. Así mismo, cuando queremos mejorar nuestra salud espiritual, también regulamos lo que admitimos en nuestra vida. Lo hacemos examinando rigurosamente lo que creemos. Creer que Jesús es el Señor es admitirlo en nuestra vida. Creer que Dios me ama es admitir su amor en mi vida. Creer que este hombre o mujer es honorable es confiar en ellos; la confianza es una creencia. Creo que tienen buenas intenciones y no me harán daño. Por lo tanto, los admito en mi vida.

La creencia tiene una dimensión más. En realidad, emite un juicio sobre lo que sea que estemos considerando. Creer que alguien es el diablo encarnado, por ejemplo, forma una actitud rígida de juicio sobre esa persona; tiñe cada interacción que tenemos con ellos. Ahora veremos todo lo que hacen a través de ese filtro y confirmaremos lo que sospechábamos. Eso es una orientación de favoritismo.

Funciona en lo positivo también. Creer que nuestros nietos son perfectos angelitos significa que nunca le creeremos a la gente que nos dice que, por el contrario, estamos presidiendo una camada de futuras estrellas de rock, políticos y capitalistas ladrones.

Cuando creemos que podemos hacer todo lo que Dios dice que podemos hacer como ciudadanos y embajadores del Reino, nos abrimos a la gracia de hacerlo. Admitimos esta gracia en nuestras vidas a través de nuestra creencia. Para abusar de un viejo dicho: "Cuando los tienes por sus corazones y mentes, el resto los seguirá."

LA INSTRUCCIÓN DEL SEÑOR

A los creyentes les encanta citar la oración de Jesús en Mateo 6. A mí también, pero siendo yo, prefiero cambiarle el nombre. Llamarlo el *Padre Nuestro* no encaja del todo. Esta es la instrucción del Señor a los discípulos sobre cómo orar, por lo que sería más apropiado llamarla *Oración de los Discípulos*. Si quieres el Padre Nuestro, lee Juan 17. Ese es el verdadero Padre Nuestro. Comienza en el verso 1:

Estas cosas habló Jesús, y levantando los ojos al cielo, dijo: Padre, la hora ha llegado: glorifica a tu Hijo, para que también tu Hijo te glorifique a ti,...."

En Mateo 6, Jesús estaba enseñando a sus discípulos a orar. Su línea de apertura es reveladora. "Padre nuestro que estás en los cielos". Cada lugar que Jesús se refirió al Padre, también dio la ubicación geográfica del Padre. Es como si la gente me presentara como "Greg Hood, que vive en 1313 Mockingbird Lane, Franklin, Tennessee. En este caso, Jesús estaba presentando al Padre que vive "en el cielo...."

> *Padre nuestro que estás en los cielos,*
> *santificado sea tu nombre.*
> *Venga tu Reino.*
> *Hágase tu voluntad, como en el cielo,*
> *así también en la tierra.*
> *El pan nuestro de cada día, dánoslo hoy.*
> *Perdónanos nuestras deudas,*
> *como también nosotros perdonamos*
> *a nuestros deudores.*
> *No nos metas en tentación,*
> *sino líbranos del mal.*
>
> *Por tanto, si perdonáis a los hombres sus ofensas, os perdonará también a vosotros vuestro Padre celestial; pero si no perdonáis sus ofensas a los hombres, tampoco vuestro Padre os perdonará vuestras ofensas.*
>
> Mateo 6:9-15

Cuando creemos que podemos hacer todo lo que Dios dice que podemos hacer como ciudadanos y embajadores del Reino, nos abrimos a la gracia de hacerlo.

Entonces, ¿dónde está nuestro Padre? Está en la patria: el cielo. Esta es una distinción importante. Considere: ¿Por qué se le llama a Jesús el Rey de reyes? ¿Y por qué queremos el título "especial" de reyes? ¿Por qué somos los niños especiales? No, hay una razón más profunda para todo esto.

En la cultura y en el marco de tiempo de Jesús, solo podía haber un rey en un país. No podían haber dos o más reyes en una misma región, al menos no en paz. Sí tenías dos reyes en un país por mucho tiempo, significaba que venía una guerra y alguno tenía que estar preparado para perder.

Los reyes son territoriales. Por eso tenemos la distinción entre reyes y príncipes. Un rey; muchos príncipes y princesas. Parece ir de la mano. Pon a alguien a cargo y lo siguiente que sabes es que hay una explosión demográfica. (Imagínate.)

Aquí hay una historia que lo explica bien. El Rey de Portugal tomó el territorio de Brasil para que su hijo pudiera ser rey. Cada vez que estás en el mismo país con tu padre y tu padre es el rey, no puedes ser rey. Eres un príncipe. El padre quería que su hijo fuera rey, por lo que adquirió el territorio y lo nombró rey de Brasil. (¿No es genial? Mi padre me dio un camión. El padre de este tipo le dio su propio país.)

Ahora bien, el padre seguía siendo el rey del rey (el hijo). Era el rey soberano de Brasil. El hijo era el subrey de su padre en Brasil. Su padre tenía autoridad en Brasil, pero su hijo gobernó allí, no como príncipe sino como rey. Sin embargo, cada vez que el hijo regresaba a Portugal, se referiría al hijo como el Príncipe de Portugal. (Personalmente, creo que hubiera sido mucho más simple si le hubiera dado al hijo un camión.)

CONFERENCIA DE PODER

Nuestro reinado no está en el cielo, aunque allí es donde se origina nuestra ciudadanía. Nuestro reino está en la tierra. ¿Por qué? Porque Dios le dio al hombre autoridad y dominio en la tierra. En referencia a la historia anterior, la tierra es nuestro Brasil.

Entonces, mientras estemos aquí, somos reyes. Cuando dejamos esta tierra y regresamos a la patria del cielo, ya no somos reyes. No sé si nos llamarán príncipes o princesas. (Eso, aparentemente, aún está por decidirse en algunas partes del país.)

El punto es que no somos reyes en la presencia del Rey. Esto es lo que vemos en Apocalipsis:

...los veinticuatro ancianos se postran delante del que está sentado en el trono y adoran al que vive por los siglos de los siglos, y echan sus coronas delante del trono, diciendo: «Señor, digno eres de recibir la gloria, la honra y el poder....»

Apocalipsis 4:10-11

En el cielo, solo hay un rey. En la tierra, hay muchos reyes que operan en las esferas de influencia que Dios les ha dado para gobernar, reinar y expandir su reino.

Cuando Jesús enseñó a sus discípulos a orar: "Padre nuestro que estás en los cielos... venga tu reino, hágase tu voluntad en la tierra como en el cielo", estaba dando a conocer una transferencia de poder y autoridad que tendría lugar cada vez que oramos. Debemos hacer en el ámbito terrenal lo que el Padre hace en el ámbito celestial. Así se delega el poder.

Cada vez que se selecciona un embajador, debe presentarse ante el presidente. El presidente hace algo llamado "conferir poder". Lo he visto hacer en algunas naciones. De hecho, ponen sus manos sobre los hombros del embajador mientras se arrodilla. A veces, el Embajador pone su mano sobre una Biblia y hace un juramento. De cualquier manera, la autoridad se transmite por medio de palabras en este sentido: "Le concedo la autoridad de los Estados Unidos de América". El embajador entonces lleva la autoridad de la nación dondequiera que sea enviado.

Jesús usó un lenguaje similar en los siguientes versículos:

No temáis, manada pequeña, porque a vuestro Padre le ha placido <u>daros el Reino</u>.

Lucas 12:32

La palabra *dar* es la misma palabra griega que *conferir*.

Acontecerá en aquel tiempo que su carga será quitada de tu hombro y su yugo de tu cerviz, y <u>el yugo se pudrirá por cuanto tú eres mi ungido.</u>

Isaías 10:27

La palabra *unción* no es un término religioso. Desafortunadamente, tendemos a asociarla en ese contexto . Cada vez que hablamos de la unción de Dios, nuestra voz cambia. Encendemos nuestra voz pentecostal: un silencio y pesado sigilo. Amigos, seamos realistas. Decir "la unción rompe el yugo" es jerga militar. La palabra *unción* tiene sus raíces en la palabra coronado, como en "coronar a un rey o una reina". Coronación no es una palabra religiosa. Es una palabra gubernamental. ¿Qué sucede cada vez que alguien es coronado? Reciben una corona, se les confiere poder y autoridad, y se les pone a cargo de un reino.

En la cultura judío-hebrea, cuando hablaban del Mesías, no esperaban un líder religioso sino un líder de gobierno para restaurar su reino. (Cuyo reino, debo agregar, se perdió debido a su infidelidad a Dios.)

> *Entonces los que se habían reunido le preguntaron, diciendo: Señor, ¿restaurarás el reino a Israel en este tiempo?"*

Hechos 1:6

Jesús no es un líder religioso venido a establecer una actividad religiosa. Es un líder gubernamental, un rey, para establecer su reino en la tierra.

Esto es desgarrador. Todo lo que han pasado los discípulos, y prácticamente le están rogando a Jesús que restaure el reino a Israel. La palabra *mesías* significa "ungido". Estaban buscando a uno del cielo que sería coronado como su rey y los sacaría de la esclavitud, específicamente de la esclavitud de Roma en la época de Jesús. No buscaban un sumo sacerdote, aunque Jesús también cumplió ese rol. Estaban buscando un rey, ungido por el cielo para restaurar su nación, uno que gobernara desde un trono, no uno que hiciera sacrificios en un altar.

En cierto sentido, obtuvieron ambos. La unción sacerdotal que tenemos nos da el derecho de hacer las cosas bien entre nosotros y

Dios. La unción real que tenemos nos da el derecho de decretar lo que está en el cielo sobre la tierra. Ambas unciones nos dan autoridad para hacer lo que Dios nos ha llamado a hacer.

Entonces, al profetizar al Mesías, las Escrituras no presagiaban que un líder religioso viniera a darnos una experiencia religiosa. Fue un ungido que será coronado rey sobre nuestra nación celestial. Él a su vez coronará a otros reyes en la tierra.

Éste será grande, y será llamado Hijo del Altísimo. El Señor Dios le dará el trono de David, su padre.

Lucas 1:32

Porque un niño nos ha nacido,
hijo nos ha sido dado,
y el principado sobre su hombro.
Se llamará su nombre
«Admirable consejero», «Dios fuerte»,
«Padre eterno», «Príncipe de paz».
Lo dilatado de su imperio
y la paz no tendrán límite
sobre el trono de David
y sobre su reino.

Isaías 9:6-7

Ahora, Isaías fue un profeta que escribió extensamente sobre el Mesías. Entonces... ¿esto ya sucedió? ¿Se ha cumplido Isaías 9? Sí. El profeta dijo que Jesús se sentará en el trono de su padre, David. No dijo que entraría en el lugar santísimo como Aarón. Y el principado estará sobre los hombros del Mesías. No la religión, sino el gobierno.

Jesús no es un líder religioso venido a establecer una actividad religiosa. Es un líder gubernamental, un rey, para establecer (o restablecer) su Reino en la tierra.

Debemos dejar de presentar a Jesús como un líder religioso. Y mientras estamos en eso, debemos dejar de referirnos a la Biblia como un libro religioso. No lo es. Es un libro gubernamental. Es una constitución para nosotros. Nuestro líder es un rey con un trono y una corona. No podemos mezclar religión y reino. No pueden coexistir. Uno vuelca al otro.

Note que en la oración de los discípulos, Jesús le está hablando a Dios, no rogándole a Dios.

"Danos hoy nuestro pan de cada día." Sabemos que nuestra provisión viene del Padre. ¿Por qué? Porque es un rey. Es su responsabilidad proveer para sus ciudadanos.

"Perdónanos nuestras deudas como también nosotros perdonamos a nuestros deudores". Esta es una provisión basada en que estemos dispuestos a perdonar a las personas que nos deben. (Consejo profesional: no se trata solo de dinero.)

Ahora, no es legal en el Reino de Dios que cobremos intereses cuando prestamos dinero a otros creyentes. Se llama *usura*, y Dios lo prohíbe. Claro, podemos estar preocupados por recuperar nuestro dinero. Por supuesto. Obtendrás tu dinero... con intereses. El rey te lo pagará. Él le dará otras vías de inversión. El dinero llenará tus bolsillos vacíos. Estarás ampliamente provisto.

Pero tienes que estar dispuesto a perdonar a la gente y dejar ir esa deuda. El perdón no significa "te perdono". Tienes que decirlo en tu corazón. El perdón no es una emoción; es una decisión. Tus emociones se alinearán con esa decisión. Es un acto de la voluntad. Debemos alinearnos con ese perdón y no permitir que la amargura more en nuestros corazones. Si no perdonamos a los demás, entonces nuestro Padre no nos perdonará nuestras transgresiones. Eso es serio. Entonces, perdona.

Decir: "La gente me debe dinero y nunca tendré ese dinero" determina nuestro destino. Cosechamos el resultado de nuestras palabras. Así que solo perdona y déjalo ir. Dios tiene mucho más de donde vino eso. Nuestra posición financiera no está determinada por la nación en la que vivimos. Está determinado por la nación de la que somos ciudadanos.

> *El perdón no es una emoción; es una decisión*

" Y no nos dejes caer en la tentación, más líbranos del mal." Él está diciendo: "Sabemos que nos vas a enseñar, pero si hay alguna manera de hacerlo sin tentación, por favor hazlo".

"Porque tuyo es el Reino y el poder y la gloria por siempre." Nunca tiene fin. Terminan las temporadas. Se acaba la infancia. Incluso los sermones llegan a su final. (¡Alabado sea Dios!) El Reino de Dios nunca termina. Amén.

LA ORACIÓN DEL SEÑOR

Como revisamos anteriormente, Juan 17 debería ser realmente la Oración del Señor. Aquí hay un extracto de él; una sección relacionada con la embajada.

Pero ahora vuelvo a ti, y hablo esto en el mundo para que tengan mi gozo completo en sí mismos. Yo les he dado tu palabra, y el mundo los odió porque no son del mundo, como tampoco yo soy del mundo. No ruego que los quites del mundo, sino que los guardes del mal. No son del mundo, como tampoco yo soy del mundo. Santifícalos en tu verdad: tu palabra es verdad. Como tú me enviaste al mundo, así yo los he enviado al mundo. Por ellos yo me santifico a mí mismo, para que también ellos sean santificados en la verdad. »Pero no ruego solamente por estos, sino también por los que han de creer en mí por la palabra de ellos, para que todos sean uno; como tú, Padre, en mí y yo en ti, que también ellos sean uno en nosotros, para que el mundo crea que tú me enviaste. Yo les he dado la gloria que me diste, para que sean uno, así como nosotros somos uno. Yo en ellos y tú en mí, para que sean perfectos en unidad, para que el mundo conozca que tú me enviaste, y que los has amado a ellos como también a mí me has amado.

Juan 17:13-23

Recuerde nuestros métodos de investigación. ¿Quién estaba hablando? Jesús. ¿Qué estaba describiendo? Otra estructura de orden. Cuando oraba el Padre Nuestro, esencialmente decía: "Padre, no los quites del mundo. No los saques de este lugar que los odia. No los saques de este ambiente que quiere destruirlos, este lugar malvado. Mas bien, guárdalos del maligno. Protégelos y cúbrelos al estar en esta estructura ajena."

Este es un ejemplo perfecto de lo que significa ser embajadores.

"Ellos no son del mundo, como tampoco yo soy del mundo. Santifícalos en la verdad; tu palabra es verdad."

¿Por qué Jesús le dijo al Padre: "Tu palabra es verdad"? Porque las palabras del rey son ley; ellos son la verdad No importa cómo lo veas o como lo entiendas, la palabra de Dios es la verdad absoluta.

La oración de Jesús no fue solo para los 12 Apóstoles o los 72 pre-Apóstoles. Él estaba declarando esto para todos los que creerían en su nombre. Esta Oración del Señor es para todos los que entrarán en el Reino creyendo en el nombre de Jesús.

"Yo en ellos y tú en mí. Para que sean perfectos en unidad, para que el mundo sepa que tú me enviaste y los amaste como me has amado a mí". Jesús le estaba pidiendo a Dios que nos santificara, la santificación significa varias cosas, pero una de las cosas a las que se refiere es la justicia.

> *La verdadera santificación se trata de cosas hasta donde estamos siendo separados. En una palabra: santidad*

La santificación es un proceso. La justicia es instantánea cuando nacemos de nuevo. La santificación continúa en nuestras vidas a medida que crecemos y aprendemos a alinearnos más con nuestra nación, el país del que somos. La justicia nos da acceso a la santificación.

La santificación no se trata de cosas de las que estamos siendo separados. Ese es un concepto religioso. La verdadera santificación tiene que ver con las cosas, en mayor medida, *hasta* adonde estamos siendo separados. En una palabra: santidad. Dios nos pone en un nuevo territorio. Estamos unidos por su amor. Estos límites designan la santidad. No somos santos por lo que no hacemos. Somos santos debido a quien estamos conectados. La religión dice que somos santos por lo que negamos. Esto es desafortunado. Dios dijo que somos santos por estar conectados con Él. Su santidad se convierte en nuestra santidad.

> *Pero por él estáis vosotros en Cristo Jesús, el cual nos ha sido hecho por Dios sabiduría, justificación, santificación y redención...*
>
> 1 Corintios 1:30

> *Al que no conoció pecado, por nosotros lo hizo pecado, para que nosotros seamos justicia de Dios en él.*
>
> 2 Corintios 5:21

LÍMITES DEL ANTIGUO TESTAMENTO

Terminaremos este capítulo sobre los límites con las declaraciones de Dios cuando le respondió a Job desde el torbellino. Los primeros aspectos que Dios identificó acerca de sí mismo al arrepentido Job fueron los límites que estableció durante la creación. Luego de una revisión adicional, Dios estaba estableciendo límites entre él y Job. Esencialmente: *yo soy Dios y tú no lo eres.*

Dirigiéndose al hombre sufrido y que ahora se golpea sus rodillas, le habló así:

> *Dónde estabas tú cuando yo fundaba la tierra?*
> *¡Házmelo saber, si tienes inteligencia!*
> *¿Quién dispuso sus medidas, si es que lo sabes?*
> *¿O quién tendió sobre ella la cuerda de medir?*
> *¿Sobre qué están fundadas sus bases?*
> *¿O quién puso su piedra angular,*
> *cuando alababan juntas todas las estrellas del alba*
> *y se regocijaban todos los hijos de Dios?*

»¿Quién encerró con puertas el mar,
cuando se derramaba saliéndose de su seno,
cuando yo le puse nubes por vestidura
y oscuridad por faja?
Yo establecí para él los límites;
le puse puertas y cerrojo,
y dije: "Hasta aquí llegarás y no pasarás adelante;
ahí parará el orgullo de tus olas"?

Job 38:4-11

Como ciudadanos del Reino de Dios, establecer límites es lo que hacemos, porque eso es lo que hace nuestro rey. Es parte de los derechos y responsabilidades que heredamos como hijos e hijas del reino. Así es como entramos en la santidad. Es todo lo que define nuestra existencia. La diferencia entre el cielo y la tierra está definida por un límite. La diferencia entre nacer de nuevo o no nacer de nuevo es un límite. La transición se mide en los límites que cruzamos. Estábamos ahí; ahora estamos aquí.

Como ciudadanos del Reino, cruzamos fácilmente las fronteras. Estamos en este mundo pero no somos de él. Al concedernos acceso, llevamos el mensaje del Reino a un mundo perdido y que sufre. Como embajadores con pasaportes diplomáticos, navegamos por el mundo en espíritu y en verdad, apuntando hacia la meta, al premio del supremo llamamiento de Dios en Cristo Jesús.

7

Pasaporte

y en tu libro estaban escritas todas aquellas cosas
que fueron luego formadas,
sin faltar ni una de ellas.

Salmo 139:16

EL PROPÓSITO DE DIOS es la restauración del Reino de Dios a través de los derechos y responsabilidades de la ciudadanía.

El pasaporte de los Estados Unidos de América es una cosa hermosa. De color azul oscuro, compacto y representando a la nación más poderosa del mundo, abre muchas puertas. También nos describe con suficiente detalle para que cualquier agencia sepa a quién está admitiendo en su país. Nos dice que en caso de emergencia, debemos notificar a la embajada o consulado estadounidense mas cercano o al Departamento de Estado. En otras palabras, si entra en una crisis, debe comunicarse con su país a través de las embajadas de los EE. UU. en todo el mundo. ¿Por qué? Porque tu país de origen tiene la capacidad de sacarte de esa situación hostil, trasladarte a donde sea necesario que vayas o enviar ayuda para protegerte. Un pasaporte también establece esta información en varios otros idiomas para que si alguien fuera de nuestro país encuentra nuestro pasaporte, sepa cómo tratarlo. Esas son las normas que aplica nuestro gobierno a los de afuera, diciéndoles cómo nos tienen que tratar o habrán consecuencias.

Es ilegal que cualquier persona que no sea el destinatario original y legítimo use un pasaporte. No podemos darle a nadie nuestro pasaporte y permitirle la entrada a la esfera de influencia a la que hemos sido llamados.

Finalmente, leemos:

> Propiedad del gobierno de los E.E.U.U. Este pasaporte es propiedad de los Estados Unidos del código título 22 de la Sección 51.9 de la Regulación Federal. Debe ser entregado ha pedido. Hecho por el representante autorizado del gobierno de los Estados Unidos.

Siento un peso en esas palabras. Como ciudadano estadounidense, si el gobierno exigiera mi pasaporte, tendría que entregarlo, lo que me inmoviliza al restringir mis viajes más allá de los Estados Unidos. También pierdo mi pasaporte si cometo un delito grave. La destrucción de un pasaporte debe informarse de inmediato a las autoridades policiales locales y al Servicio de Pasaportes, Unidad CLASP, Washington, DC. Necesitamos informar al país de origen si está dañado, perdido o robado.

Hay muchos principios aquí que se aplican al Reino de Dios. Comencemos con las palabras de Jesús en el evangelio de Juan.

El ladrón no viene sino para hurtar, matar y destruir.

Juan 10:10

Cuando nos encontramos en una situación en la que nuestra autoridad ha sido dañada, robada o perdida, y nuestra capacidad legal para movernos en otra estructura gubernamental se ve obstaculizada, debemos llamar al país de origen y decir: "Mi pasaporte ha sido dañado. Mi habilidad para maniobrar está restringida debido a esto. Necesito una reemisión de mi pasaporte, por favor."

Joan y yo hemos tenido numerosos pasaportes. Contienen sellos que identifican a las otras naciones que hemos visitado. Como nativa de Filipinas, otras naciones le han dado acceso a Joan debido a su pasaporte estadounidense. Joan también tiene un pasaporte filipino,

146

lo que le permite ingresar a países a los que el pasaporte estadounidense no le permite ingresar.

Entonces, nuestra ciudadanía en un país nos da la capacidad legal para hacer negocios del reino en territorios que aún no pertenecen a nuestro rey.

PACTO GUBERNAMENTAL

La ciudadanía es un pacto gubernamental entre el individuo y el país emisor. Se aplica a todos los ciudadanos, independientemente de su raza, color o credo. Puede que sea blanco, pero eso no significa que sea estadounidense. En Filipinas, miran a los blancos y dicen: "Eres blanco; debes ser estadounidense. Pero Estados Unidos contiene una gran variedad de razas. La ciudadanía no puede determinarse por el color de la piel, la punta de la nariz o la forma de los ojos. No funciona de esa manera.

¿Cómo determinamos la ciudadanía? Por el pasaporte, la documentación gubernamental que significa lealtad a un país. La ciudadanía otorga ciertos derechos y responsabilidades. Entonces, en cierto sentido, el pasaporte determina qué autoridad tengo. Como ciudadano estadounidense, tengo ciertos derechos inalienables. Incluso cuando estoy en otro país, tengo derechos. Si voy a la embajada de los Estados Unidos, no tengo que exigir mis derechos. Puedo simplemente invocarlos. Tienen que dejarme pasar por la puerta. Incluso si hay un evento extremadamente caótico desatado afuera si me acerco a la puerta y digo: "Soy un ciudadano estadounidense, abra la puerta". No dirán, "Greg, es demasiado violento ahí afuera. Vuelve en una hora... si todavía puedes caminar. No, abrirán la puerta. Puede que la puerta se rompa un poco. Es posible que tenga que pasar a través de un guardia arisco de la Marina que mira fijamente a la multitud hostil, pero entraré. Incluso enviarán a los infantes de marina fuera de la puerta para asegurarse de que yo pase con seguridad.

LOS ÁNGELES, LA INFANTERÍA DE DIOS

Dios envía a su infantería para ayudarnos en situaciones desfavorables. Se llaman ángeles. Necesitamos aprender a reconocer y trabajar con los ángeles. Los ángeles son enviados para ministrar con nosotros y para ministrar por nosotros. El autor de Hebreos nos dijo:

No son todos espíritus ministradores, enviados para
servicio a favor de los que serán herederos de la salvación?

Hebreos 1:14

La Biblia está llena de encuentros angélicos. Gabriel se acercó a María y le dijo que ella daría a luz al hijo de Dios. El Espíritu Santo la cubrió con su sombra y la palabra se hizo carne. Un ángel se le apareció a Jesús en el jardín para refrescarlo y fortalecerlo después de haber soportado las tentaciones del diablo. Un ángel se le apareció a Pedro mientras estaba en la cárcel. Ese ángel le dio una palmada en el hombro y le dijo: "Despierta, hombre, te estoy abriendo las puertas. Sal de aquí." Sorprendentemente, Pedro estaba en paz en esa celda de la cárcel a pesar de saber que al día siguiente sería ejecutado. Estaba satisfecho y confiado en su ciudadanía.

Uno de los encuentros más notables con los ángeles fue cuando Daniel había estado orando y ayunando durante 21 días y un ángel se le apareció. Esto es lo que vio Daniel:

Alcé mis ojos y miré, y vi un varón vestido de lino y ceñida
su cintura con oro de Ufaz. Su cuerpo era como de berilo,
su rostro parecía un relámpago, sus ojos como antorchas
de fuego, sus brazos y sus pies como de color de bronce
bruñido, y el sonido de sus palabras como el estruendo de
una multitud.

Daniel 10:5-6

En resumen, esta criatura tenía oro puro que irradiaba contra el lino, una cara como un relámpago, antorchas encendidas por brazos, pies como bronce y una voz que tronaba como mil personas. Con razón Daniel cayó al suelo como un hombre muerto. Teniendo en cuenta que los ángeles pueden aparecer de cualquier manera que elijan, las palabras del ángel a Daniel fueron casi cómicas. Poniendo en pie al hombre que temblaba, el ángel dijo: "No temas."

¿No temáis? ¿En realidad? Apareces luciendo como el climax de un concierto rock de heavy metal, ¿y se supone que debo de "No temer"?

Sí... tenemos que aprender a trabajar con ángeles, incluso con aquellos que tienen un sentido del humor particular.

CIUDADANÍA ES ACCESO A DERECHOS

La ciudadanía requiere un compromiso con el derecho común, los ideales y los valores. Esta es una de las razones por las que nuestra nación está alborotada. Algunas de las personas que elegimos y enviamos a Washington DC son de culturas fuera de los Estados Unidos. Han venido a esta nación por una razón: para destruir nuestra nación desde adentro. Saben que no pueden atacarnos desde el exterior. Entonces, entran, tratan de parecerse a uno de nosotros, son elegidos para altos cargos y se dedican a cambiar las leyes y la cultura de manera que debilitan a nuestro país.

> *Hemos sido tan perezosos y centrados en lo etéreo que estamos regalando esta gran nación por negligencia*

Daniel 7 se refiere a esto. El enemigo entró, desgastó a los santos, luego trató de cambiar las leyes que gobiernan a las naciones. Los Estados Unidos de América no son una democracia. Una democracia es gobernada por la mayoría. No estamos gobernados por la mayoría. Somos una República Constitucional. Una república es una nación regida por la ley. No importa lo que diga la mayoría sobre un tema en particular; importa lo que diga nuestra ley.

Los estadounidenses en general, y los cristianos en particular, han sido tan perezosos y centrados en lo etéreo que estamos regalando esta gran nación por negligencia. Dios ha llamado a esta nación a llevar el evangelio del Reino por todo el mundo, y se lo hemos entregado a personas que no conocen ni respetan nuestra cultura. Su objetivo es cambiar nuestra cultura.

Hay partes de Minneapolis, Minnesota, donde la policía no puede entrar. El Islam se ha apoderado de los barrios. Los lugareños están haciendo cumplir la ley Sharia e incluso han cercado estas áreas de las comunidades circundantes.

La ciudad de Nueva York ha visto el surgimiento de comisarías chinas que imponen pseudo leyes a la población china local. Algunas personas intentaron eso en Texas. No salió tan bien. Texas es diferente. Gracias a Dios por Texas.

> *Gracias a Dios por Texas.*

Estados Unidos no opera bajo la ley Sharia. No opera bajo la ley china. Operamos por un sistema llamado Constitución de los Estados Unidos de América. La Constitución estructura nuestros derechos y responsabilidades. Somos un gobierno regido y dirigido por la ley, no por el gobierno de la mayoría. Necesitamos entender que la voz mas alta no siempre es la voz correcta. Las personas más descontentas no deberían salirse con la suya en virtud de sus travesuras belicosas.

Estamos ante la tiranía de la minoría. A algunas personas se les quitó la oración de la escuela pública. Otra minoría trajo el aborto a nuestra cultura. Unos pocos han legalizado el matrimonio homosexual, lo cual es notable dado el pequeño porcentaje de nuestra nación que es homosexual. ¿Cómo lo han hecho? Apoyaron a ciertos candidatos. Se postularon para el cargo. Fueron elegidos. Escribieron nuevas leyes. Lo mismo está ocurriendo con el transgenerismo. La gente en el gobierno les está quitando a los padres los derechos de criar a sus hijos en el género que Dios les dio. Proponen meter preso a gente por decirle a un niño que es niño cuando cree que es niña.

El mundo ha tomado las maravillosas características del hombre y la mujer y las ha pervertido, haciéndolas feas. Los ha sacado del pacto con Dios y en su lugar ha creado sus propios géneros. Solíamos tener leyes que protegían a los padres, los niños y la oración. Hoy tenemos leyes que atacan estas cosas.

Ciertamente, algunas leyes deben permanecer; otras se tienen que ir. La ley es algo vivo. Tiene que adaptarse a los tiempos. En mi ciudad natal, si atas tu caballo en el poste equivocado, puedes recibir una multa. Hace mucho tiempo que no veo un caballo en el pueblo, ni tampoco un poste de amarre. Pero la ley todavía está en los libros. Y así, sigue siendo válido. ¿Por qué? Porque somos una nación regida por leyes. Gloria a Dios.

LA CIUDADANÍA ES UN PRIVILEGIO, NO UN DERECHO

Hay una razón por la que a un inmigrante legal le toma mucho tiempo obtener su ciudadanía en los Estados Unidos. Convertirse en ciudadano otorga a las personas derechos y responsabilidades que no saben cómo manejar. Como ciudadano, pueden influir en la nación. Tienen una voz; ellos tienen un voto. Tienen derecho a cambiar las cosas.

Hay muchas personas en nuestra nación hoy que han venido aquí ilegalmente y ahora exigen la ciudadanía. La ciudadanía es un privilegio, no un derecho. No es algo que una persona pueda exigir. Se requiere un proceso legal, un proceso de investigación y un juramento de lealtad a los Estados Unidos de América.

Joan fue titular de una tarjeta verde durante siete años antes de que pudiera solicitar la ciudadanía completa. Tuvo que llenar el papeleo, someterse a una verificación de antecedentes, pagar dinero, estudiar la Constitución y conocer a los presidentes. Tenía que saber quiénes eran sus senadores y congresistas federales. Tuvo que recitar el juramento de lealtad. Tuvo que aprenderse el himno nacional, no tenía que cantarlo, aunque hubiera sido hermoso, y tuvo que aprenderse el lema nacional: *E Pluribus Unum*—En Dios confiamos. (Porque maldito el hombre que confía en el hombre). Finalmente, tuvo que pasar una prueba de todas estas cosas para calificar para la ciudadanía.

Los cristianos tienen un proceso similar. Tenemos que calificar para ser ciudadanos del Reino de Dios. No todo el mundo llega a ser ciudadano. El hecho de que estemos en el mundo de Dios no significa que pertenezcamos a Dios. ¿No somos todos hijos de Dios? No, no todos somos hijos de Dios. Todos somos creación de Dios, pero no todos somos hijos de Dios. Hay calificaciones para convertirse en su hijo.

No puedes ser budista y ser parte del Reino de Dios. Estás descalificado; el budismo es otro reino. Del mismo modo, no puedes ser musulmán y ser parte del Reino de Dios. Eso es ilegal. Es como si la gente de hoy cruzara corriendo nuestra frontera y exigiera la ciudadanía. ¿No vamos todos a llegar al cielo? ¿No servimos al mismo Dios? No, no todos vamos al cielo. No, no servimos al mismo Dios.

Alá no es Jehová, aunque los musulmanes han tomado gran parte del Antiguo Testamento y lo han puesto en su Corán. Ellos no creen que Jesús es Dios. Creen que fue un profeta, que fue un buen hombre, y se adhieren a algunas de las cosas que enseñó. Sin embargo, aunque el Corán cita Isaías 9, que dice que Jesús es Dios, los musulmanes no creen que él sea Dios.

Y el principado estará sobre sus hombros. Y será llamado
Admirable, Consejero, Dios Fuerte, Padre Eterno.

Eso está en su Corán, les decimos. Su libro sagrado está hablando de Jesús. Quedan sorprendidos. Sin embargo, no servimos al mismo Dios. Creen que Alá es Dios. Él no lo es. Y eso hace toda la diferencia. Nuestra percepción de la realidad no es una cuestión de lógica. Es una cuestión de espíritu. Nuestro contenido espiritual determina lo que aceptamos como verdad. Por eso Juan nos dijo:

Amados, no creáis a todo espíritu, sino probad los espíritus
si son de Dios,

1 Juan 4:1

El denominacionalismo es otra fuerza en la sociedad que no puede darnos acceso al reino. Muchas personas que no han nacido de nuevo están integradas en las iglesias. Eso es un asunto serio. Han sido reclutados en una religión, pero nunca han sido naturalizados en el Reino.

Jesús fue duro con las personas religiosas.

Ay de vosotros, escribas y fariseos, ¡hipócritas!, porque recorréis mar y tierra para hacer un prosélito y, cuando lo conseguís, lo hacéis dos veces más hijo del infierno que vosotros.

Mateo 23:15

Se me ocurre pensar que Dios al lidiar con la religión, podría usar algunas palabras poco decorosas.

EVANGELIO DEL REINO

Se nos dice que prediquemos el evangelio, pero necesitamos entender lo que eso significa. Si predicamos el evangelio de liberación, ¿significa eso que estamos predicando el evangelio del Reino? Si predicamos el evangelio de sanidad, ¿significa eso que estamos predicando el evangelio del Reino? Evangelio simplemente significa "buenas noticias". Hay buenas noticias en la liberación. Hay buenas noticias en la curación. Pero no son las buenas nuevas que nos dijeron qué predicáramos. Esas son manifestaciones de las buenas nuevas.

Nuestra responsabilidad como ciudadanos del Reino es traer personas al gobierno del Reino de Dios.

Si predicamos el evangelio de salvación, seguramente estamos predicando el evangelio del Reino, ¿no? ¿No es el evangelio del Reino todo acerca de la salvación? No, no lo es. Todavía estamos predicando manifestaciones, las cosas que sucederán una vez que la persona esté en el reino.

Nuestra responsabilidad como ciudadanos del Reino no es llevar a la gente a una experiencia religiosa. No estamos tratando de que se conformen a nuestra religión. Debemos traerlos al gobierno del reino de Dios. Hacemos esto a través de nuestra constitución: la Biblia.

Un amigo mío que fue parte de una denominación particular durante la mayor parte de su vida en Cleveland, Tennessee, me dijo que siguen la Biblia y el manual de su iglesia. Cosa curiosa. Su manual reemplaza a la Biblia. Debes revisar tu manual para interpretar la Biblia. *Algo anda mal allí, Bill. Revisemos nuestro manual y averigüemos que es.*

Lo que la religión promueve como la experiencia de nacer de nuevo termina por no ser la experiencia de nacer de nuevo. Muchas personas están en problemas, pensando que están en el camino hacia Dios y, en cambio, están siendo desviadas hacia la tradición. Tenemos mucho trabajo por hacer. Es muy preocupante para mí, de hecho, desgarrador, porque simplemente tapamos la disfunción central. *Ah, están en un edificio con vitrales o en un centro comercial que tiene el nombre de una iglesia encima. Ellos son buenos. por lo menos van al cielo.* Creo que muchos de ellos verdaderamente han nacido de nuevo, pero lo que se está propagando a través de esos púlpitos no está trayendo la salvación de la que se refería Jesús cuando dijo: "Debes nacer de nuevo."

A los ocho años, entregué mi vida a Jesús. De eso no tengo ninguna duda. Tampoco tengo ninguna duda de que no tuve el poder de sostener esa relación con Jesús, porque cuando era adolescente, me desvié mucho de mi camino.

Entonces, ¿qué hacemos para que las personas sean verdaderamente salvas y para mantenerlas salvas? ¿Hacemos que repitan una oración? ¿Les damos falsas esperanzas de que su nombre esté escrito en un libro en el cielo? En realidad, cuando somos salvos, las escrituras no dicen que nuestro nombre está escrito en el Libro de la Vida. Dice que nuestro nombre no será borrado del Libro de la Vida.

El vencedor será vestido de vestiduras blancas, y no borraré su nombre del libro de la vida.

Apocalipsis 3:5

*Sean borrados del libro de los vivientes
y no sean inscritos con los justos!.*

Salmo 69:28

Entonces, la salvación no es un asunto de añadir al libro de la vida; es cuestión de no ser sustraído de ella.

Si somos llamados a predicar el evangelio del reino, y lo somos, es vital que entendamos lo que estamos predicando. La clave para esto es conocer las inferencias más profundas de nuestra ciudadanía.

Nadie puede convencerme de que no soy estadounidense. Nadie puede disuadirme de mis derechos y responsabilidades. De la misma manera, debe haber ese tipo de conocimiento en la vida de alguien que ha nacido de nuevo como hijo o hija de Dios. He hecho llamados al altar en todo el mundo, y puedo decirles que muchas personas se acercan por tercera, cuarta, quinta, sexta y séptima vez queriendo entregar sus vidas a Jesús. Quieren una relación con él. Pero hasta ahora, todo lo que se les ha dado ha sido una oración. No tienen poder, ni habilidad para transformar, para ajustar, para cambiar su ciudadanía del mundo al Reino de Dios. Dijeron la oración y regresaron al mismo mundo en el que vivían antes de orar.

¿Se salvaron? No sé. Pero sé que no van a cumplir el propósito que Dios les ha dado sin algo más que un llamado al altar entre lágrimas en medio de cuarenta y siete coros de "Heme aquí". No están siendo equipados para vivir su nueva identidad en medio de una nación hostil.

> *La salvación no es cuestión de añadir al libro de la vida; es cuestión de no ser sustraído de ella.*

Es fácil nacer de nuevo. Dices "Jesús, creo en tu causa y tu propósito; Me estoy registrando para eso. Mi lealtad es para ti, Jesús. Me amabas lo suficiente como para morir por mí para que yo pudiera volver a lo que originalmente tenías para mí. Acepto ese hecho y me vendo a ti."

¿Dije fácil? No, no es fácil. Es sencillo. Es profundo. Es fácil entrar, pero se necesita trabajo para cultivar el compromiso que hacemos.

Es como decir "Sí" a una mujer hermosa o a un hombre guapo a tu lado, ambos vestidos como maniquíes de la Quinta Avenida. Un predicador se para al frente. Las damas de honor y los padrinos de boda se miran mientras se supone que deben apoyar a la joven pareja que, en este momento, está muerta de miedo. Un par de sí, y ¡BAM! La vida cambia para siempre. Simple.

Cuando verdaderamente nacemos de nuevo, cuando lo hacemos de corazón, todo cambia. Aún así, hay mucho que aprender. Algunas cosas las resolvemos, otras ni las tocamos. Aprendemos como todos los que nos han precedido. Incluso hoy, aquellos de nosotros que hemos sido salvos por más de 40 años todavía estamos trabajando en nuestra propia salvación con temor y temblor.

> *Por tanto, amados míos, como siempre habéis obedecido,*
> *no solamente cuando estoy presente, sino mucho más*
> *ahora que estoy ausente, ocupaos en vuestra salvación*
> *con temor y temblor;*
>
> Filipenses 2:12

No hay nada malo con el miedo y el temblor, siempre y cuando estemos enfocados en las cosas correctas.

Ser ciudadano del Reino no es un derecho que obtenemos solo porque vamos a una iglesia. Algunas denominaciones enseñan que si vienes a esta iglesia y haces esto en particular, entonces eres salvo. Aquí está el truco: si te cambias a otra iglesia, ahora no eres salvo. Algunas iglesias le dicen que si no es bautizado exactamente como lo instruyen, no es salvo. No puedes ir al cielo.

Bueno, ser salvo no tiene mucho que ver con ir al cielo. Tiene que ver con que nuestras vidas sean restauradas a la intención original de Dios. La Iglesia de Cristo, de mi ejemplo anterior, le dice a la gente que no son salvos hasta que sean bautizados en su iglesia. Entonces, es el bautismo en agua lo que te salva, no la fe a través de la gracia. Qué bueno que tienen un manual que reemplaza a la Biblia. Saca todas esas molestas escrituras del camino de su "verdad" hecha por el hombre.

> *Ser salvo no tiene mucho que ver con ir al cielo. Tiene que ver con que nuestras vidas sean restauradas a la intención original de Dios.*

La religión está descarriando a la gente, y eso es peligroso. Peor aún, nos separa de nuestro Dios creador, quien es un Dios fenomenal. Él es un Dios amoroso y misericordioso que hará todo lo posible para presentarse a la gente. Algunas personas huyen de Dios toda su vida y llegan a una conclusión sorprendente: no puedes huir de Dios. Pregúntale a ese tipo llamado Jonás. Tres días de vómito de ballena y pescado podrido, y llegó a la misma conclusión notable.

Jesús incluso vendrá a las personas en sus lechos de muerte. Conozco a un hombre que una vez fue el primer ministro de Etiopía. El nombre de este hombre es Tamrat Layne. Es amigo mío y ha escrito endosos en nuestros libros.

Fue encarcelado durante siete años y Jesús se le apareció siete veces. Antes de su encarcelamiento, expresó abiertamente su creencia de que Dios no existía. Era comunista y ateo... hasta que Jesús entró en su celda y se presentó. "Este soy yo; ¿te gustaría recibirme? quiero ser tu Señor."

Fiel a sus creencias, Tamrat dijo: "No, no creo en ti. Se puede ir."

Bueno, Jesús volvió a su celda cinco veces más. Tamrat lo rechazó cada vez, diciendo: "No quiero tener nada que ver contigo."

La séptima vez que Jesús entró, Tamrat estaba listo. Dio su vida a Jesús y nació de nuevo. Recuerda el día y la hora en que esto sucedió. Sorprendentemente, a la misma hora, Jesús se apareció a la esposa de Tamrat en su casa. Ella nació de nuevo y fue llena del Espíritu Santo. A los pocos meses, Tamrat fue liberado de prisión para reunirse con su esposa e hijos. El gobierno de los Estados Unidos le permitió emigrar para que pudiera escapar de una mayor persecución. Dios es tan fiel.

¿A dónde me iré de tu espíritu?
¿Y a dónde huiré de tu presencia?
Si subiera a los cielos, allí estás tú;
y si en el Seol hiciera mi estrado, allí tú estás.
Si tomara las alas del alba
y habitara en el extremo del mar,
aun allí me guiará tu mano
y me asirá tu diestra.

Salmo 139:7-10

Más personas van al cielo de lo que pensamos. Como discutimos, ser salvo es más que llegar al cielo. Se trata de cumplir el llamado de Dios en nuestras vidas. Ahí está el problema. Muchos de los que experimentan salvaciones de última hora no van a poder cumplir con el propósito que Dios les ha dado. Parte de nuestra tarea, como ciudadanos del Reino, es presentarles al Rey que los devuelve al poder para realizar su intención y diseño original. Necesitamos personas con propósito para restaurar la tierra. Necesitamos personas que salgan a su destino para recuperar lo que Adán entregó. Jesús nos dio poder para hacer eso. Sin embargo, para cumplir ese mandato, tenemos que hacer más que convertir. Jesús nunca nos dijo que hiciéramos conversos. Él nos dijo que hiciéramos discípulos..

Por tanto, id y haced discípulos a todas las naciones,
bautizándolos en el nombre del Padre, del Hijo y del
Espíritu Santo....

Mateo 28:19

Los conversos pueden hacer el cielo, pero los discípulos hacen la historia. A veces incluso trastornan al mundo.

pero como no los hallaron, trajeron a Jasón y a algunos
hermanos ante las autoridades de la ciudad, gritando:
«Estos que trastornan el mundo entero también han
venido acá."

Hechos 17:6

> *Los conversos pueden hacer el cielo, pero los discípulos hacen la historia. A veces incluso trastornan al mundo.*

La sociedad está llena de gente que pone al mundo patas arriba. Simplemente no saben de qué lado están realmente. Las personas que llevan carteles, cierran carreteras, gritan en las audiencias del Congreso, mutilan sus cuerpos y alientan a otros a hacer lo mismo... estos son apasionados por cambiar al mundo. Meramente están guiados equivocadamente, incluso engañados. El suelo más rico produce las malas hierbas más altas.

Necesitamos saturar el mundo con el Reino de Dios, elevando la conciencia del mal de la religión. Necesitamos una pasión para ir tras aquellos que no conocen a Jesús como Rey y traerlos al Reino. No podemos simplemente decir: "Bueno, el Señor se encargará de ello; él los escogerá. No, tenemos la responsabilidad de recuperar a la familia.

> *Y les dijo: Id por todo el mundo y predicad el evangelio a toda criatura. El que crea y sea bautizado, será salvo; pero el que no crea, será condenado."*
>
> Marcos 16:15-16

No están totalmente perdidos; siguen siendo familia, la familia humana. Sus nombres están en el Libro de la Vida. La salvación asegura que sus nombres no serán borrados cuando pasen. Curiosamente, lo que la Biblia llama *los perdidos* no es la gente de la tierra, sino el Reino de Dios en la tierra.

> *porque el Hijo del hombre vino a buscar y a salvar lo que se había perdido.*
>
> Lucas 19:10

Jesús vino a buscar ya salvar *lo que* se había perdido, no a *los que* se habían perdido. Estamos restaurando el Reino para que la humanidad pueda ser restaurada.

LA CIUDADANÍA COMO CONTRATO CONSTITUCIONAL

La ciudadanía define el contrato constitucional entre el Estado y el individuo. Si eres ciudadano estadounidense, tienes un contrato con Estados Unidos. Nosotros, el pueblo, lo creamos. Nuestra ciudadanía se basa únicamente en ese contrato, que es la Constitución. No se basa en nada más. No tenemos derechos más allá de la estructura de nuestra Constitución. La Constitución es el poder de la ciudadanía.

Jesús vino a buscar ya salvar lo que se había perdido, no a los que se habían perdido.

El contrato constitucional en el Reino de Dios es la Biblia. Nuestra confianza en nuestra posición legal se basa en nuestra comprensión de este documento rector. Define los límites de nuestra ciudadanía.

Hace mucho tiempo, dos personas decidieron que querían el conocimiento del bien y del mal. Solo que no lo hicieron a la manera de Dios. En cierto sentido, lo que tenemos en las escrituras es una respuesta a su deseo. La Biblia nos dice claramente lo que es bueno y lo que es malo, lo que nos da vida y lo que nos consigna a la muerte. Sin embargo, lo hace de una manera que podemos manejarlo. Pone vino nuevo en odres nuevos. Con respecto a nuestros derechos y responsabilidades como ciudadanos, si podemos encontrarlo en las escrituras, tenemos derecho a ello. ¡Amén!

Por supuesto, hay personas que quieren agregar diferentes libros a la Biblia. La biblia católica agrega los apócrifos: 12 libros que los protestantes no reconocen. También hay muchos más evangelios aparte de los cuatro grandes. La clave es está: *evalúelo con cuidado.* Con respecto a libros como Macabeos I, Macabeos II, Etcétera I, Etcétera II, los libros no canonizados pueden ser fuente de información, pero solo en manos del Espíritu Santo.

LA CIUDADANÍA ES EL ESTATUS LEGAL

La ciudadanía en el reino es la condición jurídica del individuo en relación con la constitución, garantizando todos los derechos y privilegios que en ella se otorgan. La ciudadanía es nuestro estatus legal. Se basa en lo que está delineado en las escrituras.

Aquellos que temen esos derechos, que temen el empoderamiento del pueblo de Dios que surge de conocer esos derechos, tratarán de eliminarlos. La buena noticia es que la palabra escrita de Dios no puede ser alterada. Es indeleble. Claro, las personas pueden quemar las páginas, pero no entienden el punto. La palabra de Dios es eterna. Además, nos rodea. Así como no puedes escapar de Dios, no puedes evitar su palabra. Tienes que ser superior que él que lo escribió antes de poder cambiarlo. Y no hay nadie que se ajuste a esa descripción. Cuando Dios se presentó a Moisés, se llamó a sí mismo "Yo soy", porque no había nadie más a ese nivel. Él es la fuente. El absoluto.

> *Cuando Dios se presentó a Moisés, se llamó a sí mismo "Yo soy", porque no había nadie más a ese nivel. Él es la fuente. El absoluto.*

El poder de la ciudadanía proviene de nuestra relación con la Constitución. El mismo principio se aplica al Reino de Dios. La forma en que nos relacionamos con la constitución, la Biblia, es lo que nos garantiza todo lo que aquí está escrito. Esto nos da derechos legales. Esos derechos no se basan en cómo nos sentimos. No se basan en si oramos o no. Se basan en una cosa: "Escrito está…".

El estatus constitucionalmente protegido del individuo con respecto al estado está protegido y garantizado por la ley. Ahora no se refiere al estado de la tierra, sino a nuestro estado como ciudadano. Mi posición como ciudadano está garantizada. Estoy constitucionalmente protegido.

LA CIUDADANÍA ES LA CONFERENCIA DE UNA NACIÓN

El Reino de Dios no es un lugar al que vamos. El Reino de Dios está dondequiera que vayamos.

La ciudadanía es la conferencia de una nación sobre el individuo. Es la reunión. Puede ser Congreso, el Congreso de, la totalidad de la suma de, la nación en un individuo. La ciudadanía es la suma de Estados Unidos en ti. Estados Unidos como ciudadano, el país se resume en mí. Ahora bien, es posible que no siempre sepa cómo participar de él. Puede que no siempre invoque lo que significa, pero se resume en mí como ciudadano. Lo que significa que los ciudadanos encarnan todo en la Constitución, incluida la Declaración de Derechos y el resto de las enmiendas.

Estados Unidos es una nación del pueblo, para el pueblo, por el pueblo. Encarnamos a la nación. La nación no es la nación sin el pueblo. La constitución no es la constitución sin la encarnación del pueblo. Es lo mismo con respecto al reino de Dios.

Efesios dice que todas las cosas se resumen en Cristo Jesús.

Él nos dio a conocer el misterio de su voluntad,
según su beneplácito,
el cual se había propuesto en sí mismo,
de reunir todas las cosas en Cristo,
en el cumplimiento de los tiempos establecidos,
así las que están en los cielos como las que están en la
tierra.

Efesios 1:9-10

Nuestra ciudadanía en el Reino está personificada en Cristo. La palabra encarnada nos dice que Jesús es la divinidad corporalmente. El Reino de Dios se resume en Cristo Jesús,

Porque en él habita corporalmente toda la plenitud de la divinidad,.

Colosenses 2:9

Obtengo mi ciudadanía estando en él y él en mí. Mi ciudadanía en el Reino de Dios no es porque hice una oración, o voy a la iglesia, o doy mi dinero, o hago todo bien. Mi ciudadanía está en Cristo Jesús. Yo estoy en él, y todas las cosas se resumen en él. Por lo tanto, encarna la suma total de nuestra Constitución. Él cumplió con todo. Él es la suma de todo lo que tiene el cielo. Y como yo estoy en él, él está en mí. Por lo tanto, si él lo personifica todo, yo lo personifico todo, porque estoy en él. Si estoy fuera de él y estoy pasando por rituales y ordenanzas religiosas, no represento el Reino de Dios. Tengo apariencia de piedad pero no tengo poder. Soy su representante como embajador en la tierra, y todo lo que hago, lo hago a través de él, no solo a través de mí.

Necesitamos entender que no somos vasos débiles e inútiles que necesitan a Jesús para soportar el día. Cuando entramos en él, nos convertimos en hijos e hijas empoderados. Ahora podemos entrar en el dominio de la esfera de influencia que Dios nos ha dado para gobernar y reinar. Cuando la gente nos ve, ven a Cristo.

CIUDADANÍA EN UN PAÍS

No podemos ser miembros de Estados Unidos. Tenemos que convertirnos en ciudadanos. La ciudadanía es el aceptar a un país. Cuando nacimos de nuevo, nos convertimos en ciudadanos del Reino de Dios. Como tal, no solo recibimos a Jesús; recibimos una nación. Todo el poder del país está a nuestra disposición en nuestras funciones como embajadores.

- La religión dice que tenemos a Jesús... y lo tenemos. Pero el Reino dice más: tenemos una nación.
- La religión dice que tenemos a Jesús como salvador. Pero el Reino dice que tenemos un país con un rey, y Jesús es ese rey.
- La religión reduce a Jesús a un mero salvador. El Reino libera a Jesús en nuestras vidas como Rey.

La ciudadanía es el aceptar a una nación, un país, un Reino. Deje que el poder de esa verdad penetre. Cada vez que nos convertimos en ciudadanos estadounidenses naturalizados, no solo obtenemos un pasaporte. No solo obtenemos algo que nos ayuda a viajar más fácilmente. Recibimos a la totalidad de la nación. Un ciudadano encarna la Constitución. No solo encarnamos el derecho al voto. Encarnamos la totalidad de esta nación como alguien nacido en otra nación.

"Arrepentíos porque el Reino de Dios está cerca" significa literalmente "arrepentíos porque el Reino de Dios está cerca". Sabemos que el Reino de Dios está dentro de nosotros. Por lo tanto, el Reino de Dios no es un lugar al que vamos. El Reino de Dios está donde quiera que vayamos.

8

Particularidad de la ciudadanía del Reino

HAY ASPECTOS del Reino de Dios que lo diferencian de los conceptos de pertenencia o servidumbre. El Reino de Dios es un entorno único desde el cual se nos ordena salir y restaurar la tierra. Estas son algunas de sus notables cualidades.

Todos los ciudadanos están emparentado con el rey

En el Reino de Dios no tenemos primos. Nada de primos que se besen, nada de primos separados dos veces por parte de madre. Tampoco tenemos tíos locos contándonos historias de la Guerra de 1812. No tenemos tías oliendo a perfume viejo y estrujándonos con abrazos en la cena de Navidad. Todos somos hijos e hijas; todos somos hermanos y hermanas. El Reino tiene una línea de sangre, no muchas líneas de sangre. Todos compartimos un linaje directo al Rey, un linaje que comenzó con Jesús.

Todos los ciudadanos tienen acceso a la autoridad gubernamental.

Como ciudadanos, gobernamos y reinamos con Jesús ahora mismo en los lugares celestiales. Aunque estés leyendo esto en tu sillón favorito, al lado de un fuego suave chasqueando en tu chimenea, y con un gato ronroneando en tu regazo, estás sentado legalmente en el cielo con Jesús. En esta posición, tenemos acceso a la autoridad del gobierno; de hecho, lo encarnamos. ¿Por qué? Porque gobernamos desde tronos.

> *Pero Dios, que es rico en misericordia, por su gran amor*
> *con que nos amó, aun estando nosotros muertos en*
> *pecados, nos dio vida juntamente con Cristo (por gracia*
> *sois salvos). Juntamente con él nos resucitó, y asimismo*
> *nos hizo sentar en los lugares celestiales con Cristo Jesús,*
> *para mostrar en los siglos venideros las abundantes*
> *riquezas de su gracia en su bondad para con nosotros en*
> *Cristo Jesús.*

Efesios 2:4-7

Todos los ciudadanos son nombrados embajadores

Recuerde nuestra frecuente referencia a los derechos y responsabilidades. Todos quieren sus derechos. (¿Quién no?) Sin embargo, no todos están listos para aceptar sus responsabilidades. Bueno... por lo menos hacer lo mínimo para que el cielo no los deseche. Todos los que están en el Reino, todos aquellos a quienes se les ha conferido autoridad, son embajadores en relación con la asignación de Dios para sus vidas. Es por eso que todos tenemos autoridad. Para representar y expandir el Reino de Dios en las esferas de influencia que Dios nos ha asignado.

La actitud de: "Bueno, simplemente voy a vivir mi vida e ir al cielo", refleja una mala mayordomía de nuestra posición gubernamental. Siempre estamos en una misión diplomática. No importa a dónde vaya un embajador, siempre es un embajador. Llevan su nación natal a todas partes. Por lo tanto, siempre son responsables de sus acciones.

El Reino de Dios tiene normas, moral y cultura que se espera que encarnen los embajadores. Los embajadores no van a naciones extranjeras y se asimilan a esa nación. Hay un dicho en el servicio exterior: "Compórtate como un local; pero regresa a casa." La singularidad de la ciudadanía en el Reino es que todos nosotros tenemos autoridad gubernamental. Estamos preparados para el servicio, y al servicio iremos.

En un nivel fundamental, nuestro servicio es representar a Cristo (preferiblemente bajo una luz favorable). La gente nos mira y espera ver a Cristo y el Reino. ¿Ellos lo ven? Nuestras acciones son el factor determinante.

Todos los ciudadanos son gobernantes y líderes en la Nación

En el Reino de Dios, cada uno de nosotros es un líder. Así como nuestra embajada es indeleble, nadie puede evitar ser un líder. ¿Por qué? Porque Dios nos ha dado a todos una esfera de influencia, un lugar de responsabilidad. No estamos en esta tierra para mezclarnos, no completamente. Estamos aquí para influir, cambiar, liderar. Los líderes no están llamados a ser como los demás. Eso es pertenencia; no demuestra liderazgo. Los líderes son diferentes al igual que el perro líder de trineo es diferente a los otros. Estas son las buenas noticias: a menos que usted sea el perro guía, la vista nunca cambia.

El liderazgo comienza con nuestras propias vidas. Debemos gobernarnos bien. Desde allí debemos gobernar nuestras familias, nuestros lugares de trabajo, comunidades y regiones. El liderazgo es un valor cultural del Reino.

> *El liderazgo comienza con nuestras propias vidas. Debemos gobernarnos bien.*

Como miembros de nuestra nación, debemos participar en el gobierno dentro de nuestro ámbito de influencia. Además, hay esferas específicas de influencia que Dios nos da para funcionar como embajadores. Encuentre esas áreas, conéctese y esté dispuesto a sobresalir. Recuerda: las ovejas no guían a las ovejas.

Todos los ciudadanos tienen estatus de Estado Libre Asociado

Algunos estados de los EE. UU. son mancomunales. Por ejemplo, Virginia se llama Mancomunidad of Virginia. Además, algunas naciones que alguna vez estuvieron conectadas con Gran Bretaña ahora se llaman Mancomunidades. Estos países se gobiernan de forma independiente, cada uno tiene sus propias estructuras gubernamentales. Australia, aunque ahora es una nación independiente, comenzó como una colonia penitenciaria para Gran Bretaña. Era un ambiente brutal. De sus terribles costas, Dios levantó una nación para su propósito. Estuvo bajo el dominio de Gran Bretaña durante muchos años y todavía se considera bajo la corona porque es una mancomunidad. (Pero no le digas eso a los australianos cuando juegan al cricket). Canadá también es una nación independiente, pero aún se considera una mancomunidad de Gran Bretaña.

En una mancomunidad, como su nombre lo indica, todos comparten la riqueza, el estatus y el estilo de vida de la corona: el rey o la reina de Gran Bretaña.

En el Reino de Dios, todos compartimos una mancomunidad. La riqueza implica más que dinero. Compartimos estatus, posición, influencia y otros recursos. Es un vínculo común al que se puede recurrir cuando sea necesario.

Todos los ciudadanos del Reino son de una familia.

En el Reino de Dios, todos estamos relacionados con el Rey, pero ¿nos damos cuenta de su alcance? En nuestra sociedad actual, las personas pueden estar relacionadas a través de un padre pero tener diferentes madres. No es así en el Reino. No somos hermanastros y hermanastras. Todos venimos de una fuente. Eso es lo que *padre* significa: *la fuente*. Somos de una familia. No hay estado de relación familiar. Todos tienen un asiento en la mesa, todos tienen un regalo debajo del árbol. Nadie es mejor que el otro. Nadie se queda fuera. Bienvenido a la familia.

La ciudadanía nos empodera para el ahora.

Los derechos y responsabilidades de la ciudadanía en el Reino no se manifiestan en el futuro. La ciudadanía nos empodera para el presente. Considere: No tenemos que esperar para participar de los derechos y responsabilidades de la Constitución de los Estados Unidos, ¿verdad? Tampoco tenemos que esperar para participar de los derechos y responsabilidades del Reino de Dios. Nacimos en él; es nuestro; ¡Ahora pon tu mano en el arado! Ha llegado el final de la infancia, debemos crecer.

ORACIÓN EN EL REINO

La oración es diferente para los ciudadanos del Reino. Es el aspecto más singular de ser un ciudadano del Reino. Es vital para nuestra función. La religión enseña que la oración desgasta dos agujeros en la alfombra donde nos arrodillamos al lado de nuestra cama cada noche, con las manos cruzadas, diciendo: "Ahora me acuesto a dormir. Oro para que guardes mi alma."

Esa es la forma en que me criaron. La oración era rogar a Dios que hiciera algo o tratar de persuadir a Dios para que hiciera algo. A veces solo gritaba pidiendo ayuda. (Esas eran mis oraciones favoritas, generalmente mientras agarraba el volante del carro o huía de las consecuencias de mi última travesura.)

Cuando se entiende correctamente, la oración da como resultado que tomemos acciones benignas sin la participación directa de Dios

Afortunadamente, la oración es más que estas cosas. La oración es en realidad una petición en el sentido de solicitar lo que está dentro de nuestros derechos legales de obtener. La oración es un término gubernamental, no un término religioso. Por lo tanto, no es una actividad religiosa sino una actividad gubernamental.

La oración es una comunicación bidireccional. No somos simplemente nosotros clamando a Dios, lanzando nuestras preocupaciones o deseos más recientes en dirección a Dios. Funciona de dos maneras: Dios nos escucha; escuchamos a Dios. Esa es la naturaleza de la petición. Es hacerle saber a Dios lo que necesitamos en una situación. Pero más aún, somos nosotros ejerciendo el poder y la autoridad que tenemos de Dios para obtener lo que necesitamos.

Cuando se entiende correctamente, la oración da como resultado que tomemos acciones buenas sin la participación exclusiva de Dios directamente, sino en armonía con Dios. A medida que maduramos, aprendemos los caminos de Dios; se vuelven parte de nuestra naturaleza. Con el tiempo, Dios no tiene que decirnos todo lo que debemos hacer. Sabemos lo que quiere y lo hacemos. La oración es como lo hacemos.

PRINCIPIO DEL REINO DE LA PETICIÓN

Para entender el propósito y el poder de la oración, debemos entender el Reino. Cuando llevamos la oración al Reino de Dios, lo vemos a través de un lente completamente nuevo.

Como ocurre con la mayoría de las cosas, sacar la oración del entorno del Reino la relega a una actividad religiosa; un consuelo, tal vez; una forma de conectar nuestra fe incipiente con la abundante provisión de Dios. En el peor de los casos, se convierte en una ocupación religiosa que rara vez produce resultados.

Necesitamos ver la oración de manera diferente. Empecemos aquí:

> *Por lo cual, entrando en el mundo dice:*
> *"Sacrificio y ofrenda no quisiste,*
> *mas me diste un cuerpo.*
> *Holocaustos y expiaciones por el pecado no te agradaron.*
> *Entonces dije: "He aquí, vengo, Dios,*
> *para hacer tu voluntad,*
> *como en el rollo del libro está escrito de mí.'"*
>
> Hebreos 10:5-7

Veamos los pasajes clave de esta escritura.

"Por tanto, cuando Él venga al mundo…". Esta es una palabra profética acerca de Jesús; es del Antiguo Testamento.

"Sacrificio y ofrenda que no quisiste…" Eso se refiere a la actividad religiosa.

"... pero tú me has preparado un cuerpo..." Esta es la carne y la sangre de Jesús.

"No te has complacido en los holocaustos y las ofrendas por el pecado". Se refiere al desinterés de Dios por la religión.

Sorprendente, ¿no? Dios no se complace en los holocaustos y sacrificios por el pecado. Sin embargo, ¿no es él quien prescribió tales prácticas en primer lugar? Sí, lo es. Pero no le gustó. El cuerpo preparado para el perdón de los pecados fue Jesús, su hijo. Sospecho que a Dios le gustó aún menos, pero sabía que tenía que hacerlo.

"Entonces dije: 'He aquí, he venido'". Este es Jesús. ¿Y cómo llegó?

"Está escrito de mí en el rollo del libro". ¿Qué libro? No la Biblia. Todavía no había sido compilado. Está hablando del Antiguo Testamento: la ley y los profetas. También se refiere a los libros que están en el cielo, los libros del destino.

> *Está escrito de Mí en el rollo del libro Para hacer Tu voluntad, oh Dios*

El Salmo 139 habla de libros que Dios ha escrito sobre cada uno de nosotros, cosas registradas en el cielo. Cuando la gente profetiza sobre nosotros, están leyendo de ese libro. Puede que no vean un rollo; es posible que no vean un libro. Pero están sacando del libro de Dios las cosas que él escribió y desea acerca de nosotros. Dios profetizó sobre nosotros antes de que apareciésemos. Fue grabado en el cielo. ¿Amén?

"Escrito está de mí", dijo Jesús. ¿Dónde? "En el rollo del libro". ¿Por qué razón? "Para hacer tu voluntad, oh Dios."

Jesús no vino a hacer su propia voluntad. En el Reino, no puedes hacer tu voluntad a menos que se alinee con la voluntad del Rey. Sorprendentemente, la voluntad de Dios es bastante amplia en la mayoría de las cosas. Quien planta una huerta y dice "habichuelas, se cultivan precisamente como yo lo dicto. Justo aquí: una pulgada arriba, sobre 2 pulgadas y exactamente 14,3 pulgadas de largo". Claro, cuidamos nuestros jardines, pero lo hacemos en el sentido de los límites. Es más como, "las habichuelas : aquí hay tierra, agua, luz solar y un palo para que escalen. Usa todo esto y, la cena es a las 6."

Soy Alguien

Nuestro cuerpo físico es la parte más importante de nuestra existencia en la tierra. La gente suele decir: "Espera. ¿No es mi espíritu la parte más importante?" Lamentablemente, estas personas no leen mis libros. Si lo hicieran, entenderían que no es su espíritu, sino su cuerpo, lo más importante. Este es el por qué.

Comencemos con algunas declaraciones sobre la oración y la petición y el cuerpo físico. Como dije antes, la mayoría de las personas no saben cómo orar desde una mentalidad de Reino. Y, sin embargo, la oración es una actividad vital del Reino en la tierra. Recuerde, la oración es una petición. La oración es volver a la patria, al trono, y pedir cosas desde el Reino invisible al reino visible. La oración no es rogar a Dios. Él ya te ha dado lo que necesitas. Eres un ciudadano. Tienes derechos. Estás protegido jurídicamente. ¡Ahora defiende tu libertad como ciudadano!

> *La oración es estar de pie sobre nuestros propios pies. Sabemos lo que quiere el Rey. No siempre tenemos que preguntarle.*

La oración es en realidad un término legal que se usa en escritos legales y salas de audiencias. En el Reino, la oración es acceder a la sala del trono de Dios para pedirle las cosas que necesitamos, obtener sus pensamientos, guía y voluntad sobre las cosas. Esto es un marcado contraste con reaccionar a las cosas. La oración efectiva es proactiva. Viene de conocer nuestro lugar, operar desde nuestros derechos y saber que no es nuestra urgencia lo que mueve a Dios tanto como nuestra fe en nuestra posición con Dios. Ese lugar es la sala del trono. La oración es orar por la construcción de una nueva represa mucho antes de que el río se desborde, los cultivos desaparezcan y veas cómo todo lo que has construido durante toda tu vida es arrastrado hacia el Golfo de México.

La oración es estar firmes sobre nuestros propios pies como hombres y mujeres redimidos, como hijos e hijas del Reino. Sabemos lo que quiere el Rey. No siempre tenemos que preguntarle. Sabemos cuál es su voluntad en determinadas situaciones. No tenemos que seguir corriendo hacia atrás cada vez, reinventando nuestra teología para que se ajuste a las circunstancias actuales. No solo escuchamos su corazón en los asuntos; también compartimos su corazón. Las cosas de Dios están creciendo en nosotros.

> *Dios ha hecho de mí un servidor de la iglesia, por el encargo que él me dio, para bien de ustedes, de anunciar en todas partes su mensaje, es decir, el designio secreto que desde hace siglos y generaciones Dios tenía escondido, pero que ahora ha manifestado al pueblo santo. A ellos Dios les quiso dar a conocer la gloriosa riqueza que ese designio encierra para todas las naciones. Y ese designio secreto es Cristo, que está entre ustedes y que es la esperanza de la gloria que han de tener.*
>
> Colosenses 1:25-27 (DHH)

Sabemos que es la voluntad de Dios sanar a las personas. Sabemos que es su voluntad que todos se salven y no perezcan. ¿Cómo lo sabemos? Porque se ha convertido también en nuestra propósito, y fluimos con él. No tenemos que orar para entender cuál es su voluntad. Ni siquiera tenemos que orar para que Dios intervenga porque encarnamos a toda la nación. Recuerda la adopción: es cuando Dios dice: "Cuando lo ves a él o ella, me ves a mí."

Jesús nos dijo que pusiéramos las manos sobre los enfermos y serán sanados. Entonces, no tenemos que orar, "Dios, ¿podrías sanar a esta persona?" Dios dice: "Tú lo sanas."

La religión dice que no somos sanadores. El Reino dice que somos sanadores porque representamos al Reino. Si Cristo está en cada uno de nosotros, y él es nuestra esperanza de gloria, el peso de la presencia de Dios, entonces nuestro cuerpo es lo más importante que tenemos en esta tierra. La curación fluye a través de él; el dominio fluye; fluye la liberación. Por eso Jesús vino a la tierra en un cuerpo. Y no cualquier cuerpo. Vino como Jesús: huellas dactilares únicas, ADN, incluso tono específico de voz.

ASOCIARSE CON DIOS

La oración es la responsabilidad número uno de un embajador. John Wesley entendió algo sobre la oración que pocas personas comprenden.

"Sin Dios, no podemos; sin nosotros, Dios no lo hará".

Orar es asociarse con Dios en el diario vivir.

John Wesley

El hecho es que Dios nos necesita. Así dispuso Dios las cosas aquí en la tierra. El hombre no puede hacer nada sin Dios. Sin embargo, también hay otra realidad. En la tierra, Dios no hará nada sin el hombre.

Hay un viejo dicho: si el diablo quiere hacer algo en la tierra, consigue que un hombre lo haga. Dios no hace nada en la tierra sin un humano; el diablo tampoco. Ambos entienden las leyes de la participación humana. Es por eso que la serpiente tuvo que tentar a Eva en lugar de tomar directamente lo que quería.

> *Nuestro cuerpo es lo más importante que tenemos en esta tierra. La sanidad fluye. El dominio fluye. La liberación fluye.*

Debido a como Dios estableció el orden de nuestra existencia terrenal, se requiere una asociación entre el cielo y la tierra para que las cosas sucedan en la tierra. Esto significa que lo que sucede en la tierra depende de nosotros.

La religión culpa a Dios por lo que sucede en la tierra. El argumento se basa en la soberanía de Dios. *Bueno, si esto está sucediendo en la tierra, entonces debe ser la voluntad de Dios, porque Dios controla todo.* Todo lo contrario, Dios no lo controla todo. Lo que está sucediendo podría ser lo contrario de la voluntad de Dios. Podría estar sucediendo porque los hombres no están caminando en una relación con Dios. Por lo tanto, los hombres están alineados con lo que el enemigo está haciendo en la tierra

- El aborto no es culpa de Dios. Es culpa del hombre.
- El asesinato no es culpa de Dios. Es culpa del hombre.
- La trata de personas no es culpa de Dios. Es culpa del hombre.
- Una suegra difícil no es culpa de Dios. Bueno....

Dios no tiene parte en esas cosas, entonces, ¿por qué están sucediendo en la tierra? Es porque los humanos están permitiendo que sucedan. No podemos decir que estas cosas están dentro de la soberanía de Dios si están fuera de la naturaleza de Dios. Él no aprueba el comportamiento impío.

Aquí hay otra excusa que usan los cristianos... por lo general cada cuatro años. "Bueno, si esta persona es presidente, debe ser la voluntad de Dios". No. Es la voluntad del pueblo. Porque algunos cristianos no sacan el tiempo en medio de su" hacer que hacen" y van a votar por la persona que Dios quería. *Bueno, sí es la voluntad de Dios....* Uyyyy! (Perdón. Tengo que mantener la compostura.) Han habido palabras proféticas acerca de ciertas personas que son presidentes y dirigen nuestra nación. Aquí está el problema. Las palabras proféticas están condicionadas a nuestra participación. Las palabras proféticas liberadas en nuestras vidas se basan en que nos asociemos con el cielo y caminemos en la dirección que nos lleva la palabra profética.

Las palabras proféticas sobre una situación no se van a materializar sin que los hijos e hijas maduros de Dios se pongan de pie, se apropien de esas palabras proféticas, se asocien con Dios y manifiesten esas palabras a través de los hombres en el gobierno, tanto el Reino de Dios como la ley de la tierra. En ese orden

No estoy diciendo que Dios no se mueva soberanamente. Hay momentos en que Dios se mueve soberanamente, pero no es una práctica común de Dios moverse así en la tierra. Lo hace a través de los hombres y mujeres del Reino. Ciudadanos...según el Reino.

Definición de Oración

La oración no es una opción para el creyente. La oración es una necesidad. La oración es un permiso terrenal para la interferencia celestial.

- Tenemos que ser gente de petición.
- Necesitamos dejar de orar, "Dios, sácame de ésta situación."
- Necesitamos dejar de orar, "Dios, déjame avanzar en grande."
- Necesitamos dejar de orar: "Dios, ¿harías algo con mi situación y me ayudarías?"

En cambio, oremos:

- Padre, ¿cómo me asocio contigo para salir de esta situación en la que estoy metido?
- Padre, ¿qué necesitas que haga para que esta situación sea rectificada?
- Padre, ¿qué es lo que quieres hacer conmigo como tu compañero en la tierra?
- Padre, ¿qué es lo que necesito para un avance en mi vida?"

Muchos de nosotros nos encontramos en lugares donde queremos que Dios se mueva sobrenaturalmente por nosotros. Pero si hiciera eso, nos encontraríamos de nuevo en el mismo lío. Él quiere tener una sociedad con nosotros. Estamos siendo entrenados para asociarnos con él. Piense en un niño que continuamente rompe sus juguetes, solo para que su papá los arregle. Finalmente, un día, el papá dice "No". El niño mira sus juguetes rotos durante días. Finalmente, se los lleva a su papá y le dice: "Vamos a arreglarlos". Él sonríe y lo lleva a su taller.

Estamos llamados a asociarnos con nuestro Padre. Tenemos las herramientas. Aprendamos a usarlas. Pongámonos a trabajar.

9

El Poder de los Humanos

EL PODER LO ES TODO; así dice el dicho. Y tiene sentido. Sin energía, nada se hace. El poder es la capacidad de hacer un trabajo. Los caballos de fuerza es el trabajo que un caballo puede hacer. La mano de obra es el trabajo que un hombre puede hacer. El poder milagroso es el trabajo que puede hacer una madre con tres hijos, un trabajo y una Maestría en Administración de Negocios sin terminar.

Alfred Noble sabía un par de cosas sobre el poder. Fue el ingeniero que inventó la dinamita. Tenía grandes esperanzas puestas en su uso en la construcción. *Piensa en las grandes cosas que podemos construir con esto.* Ganó mucho dinero, pero las cosas no salieron según lo planeado. La gente tenía otras ideas. *Piensa en las cosas que podemos hacer explotar con esto.* Al final, dejó una parte considerable de su fortuna al establecimiento de los premios Nobel de Física, Química, Medicina, Literatura y Paz. Aparentemente, el poder no lo es todo. Usarlo correctamente también es importante. A eso le llamamos autoridad.

La solución de la religión al mal uso del poder es decir que los cristianos no tienen poder. Sin embargo, sabemos que eso no es cierto. Como ciudadanos del Reino, estamos llenos de poder. La criatura más poderosa de la tierra eres tú: el humano.

¿Cómo es nuestro poder? En primer lugar, Dios solo le dio autoridad legal en la tierra a los humanos.

Entonces dijo: «Ahora hagamos al hombre a nuestra imagen. Él tendrá poder sobre los peces, las aves, los animales domésticos y los salvajes, y sobre los que se arrastran por el suelo."

Génesis 1:26

"Vamos a hacer un hombre a nuestra semejanza, luego vamos a dejar que *radah* (dominio) sobre los peces, las aves, el ganado y todos los reptiles de la tierra."

Cuando Dios creó al hombre, lo creó a su imagen;
varón y mujer los creó.

Génesis 1:27

Dios gobierna con sus palabras. Los decretos de Dios ponen las cosas en movimiento. ¡Hablando de poder! Ahora bien, cuando Dios dijo: "Fructificad y multiplicaos, llenad la tierra, sojuzgadla y *radah* sobre ella", ¿a quién le dijo Dios esto? Hombre. *Adamah*. Seres humanos.

¿Y cuándo lo dijo Dios? Justo antes de que hiciera a los humanos. La humanidad es *adamah*. Somos de la raza *Adámica*. No importa tu género, color, origen étnico, si eres humano, eres *Adámico*. Así como creó a los humanos en esta raza *Adámica*, creó dos modelos: masculino y femenino. (No sesenta y siete.) Henry Ford dijo que podía obtener su automóvil en cualquier color que quisiera... siempre que fuera negro. Dios es un poco más generoso. *Aquí está su menú que tiene Columna A y columna B. Ah, y por cierto ya se eligió por tí.*

El Polvo de todos es el mismo

Entonces, ¿qué es un humano, de todos modos? empecemos aquí:

Que Dios mismo, el Dios de paz, los haga a ustedes
perfectamente santos, y les conserve todo su ser, espíritu,
alma y cuerpo, sin defecto alguno, para la venida de
nuestro Señor Jesucristo.

1 Tesalonicenses 5:23

El Apóstol Pablo oró para que Dios nos santificara enteramente. ¿Qué es nuestra totalidad? Bueno, lo enumera. Según Pablo, somos espíritu, alma y cuerpo. Nuestro espíritu es esa parte de nosotros que funciona en el reino invisible. Es nuestra energía; nuestra fuerza vital. Cuando Jesús entregó su espíritu en la cruz, murió. "Y Jesús volvió a clamar a gran voz y entregó el espíritu" (Mateo 27:50).

Somos la raza Adámica. No importa tu género, color, origen étnico, si eres humano, eres Adámico.

Nuestros cuerpos también son una parte necesaria de nosotros. Viene de la tierra. La escritura dice,

Entonces Dios el Señor formó al hombre de la tierra misma, y sopló en su nariz y le dio vida. Así el hombre se convirtió en un ser viviente.

Génesis 2:7

¿Qué formó Dios del polvo? Dios formó al hombre. Note que él no estaba haciendo un cuerpo para el hombre; estaba haciendo al hombre mismo. Él estaba creando el aspecto físico de nuestro ser. Por supuesto, nuestro cuerpo también responde a la dimensión espiritual, de lo contrario, ¿cómo podría Jesús sanar a las personas con una palabra de fe? Entonces, una parte de nuestro ser es de sustancia espiritual, y otra parte es de sustancia física.

Por eso, cuando una persona deja su cuerpo, lo tiramos de vuelta a la tierra. Cenizas a las cenizas, polvo al polvo.

Un niño pequeño aprendió esa lección en la Escuela Dominical un día. Cuando llegó a casa, corrió a su habitación, miró debajo de su cama y llamó a su mamá. "Será mejor que entres aquí rápido", dijo. "Porque parece que alguien viene o se va"

El prejuicio racial se rompe cuando nos damos cuenta de que todos somos tierra. Ya sea que su tierra sea negra, blanca, roja, amarilla, marrón, rosada, morada, con lunares o tatuada, es tierra. Hermosa, atractiva y poderosa tierra. Eso es importante de entender. La tierra

179

de todos es la misma en la humanidad. Nunca juzgues el valor de alguien por el color de su tierra.

Sin embargo, resulta que la tierra es mucho más importante para nuestra función en el Reino de lo que la mayoría de la gente piensa. Nos dijeron:

> *O ignoráis que vuestro cuerpo es templo del Espíritu Santo, el cual está en vosotros, el cual habéis recibido de Dios, y que no sois vuestros?, pues habéis sido comprados por precio; glorificad, pues, a Dios en vuestro cuerpo y en vuestro espíritu, los cuales son de Dios..*

1 Corintios 6: 19-20

Debemos glorificar a Dios con nuestros cuerpos. ¿Por qué? Porque son templos del espíritu de Dios. Déjame explicarte como funciona esto.

La palabra hebrea para "tierra" es la palabra *humas*. La palabra hebrea para "hombre" es la palabra *ish*. En Génesis 1:26, Dios estaba diciendo: "Hagamos al hombre, *ish*, a nuestra imagen."

Un ser humano es un misterio. Somos espíritu, alma y cuerpo. Cuando decimos humanos, entonces, no es simplemente una palabra para describir a estos seres de dos pies que caminan mirando para ver qué pueden explotar. Somos una exquisita combinación de cielo y tierra, de sobrenatural y natural, de cuerpo y espíritu, a lo que llamamos... alma.

Mira de nuevo Génesis 2:7.

> *Entonces Jehová Dios formó al hombre del polvo de la tierra, sopló en su nariz aliento de vida y <u>fue el hombre un ser viviente</u>.*

Génesis 2:7

Dios formó al hombre de la tierra. El suelo era una parte del hombre. Sin embargo, el hombre no estaba vivo hasta que Dios "sopló en su nariz aliento de vida". Le dio espíritu al hombre.

¿Qué sucedió cuando el cuerpo del hombre entró en contacto con el espíritu de vida de Dios? "...el hombre se convirtió en una persona viviente."

La Biblia del Jubileo en realidad lo dice mejor:

Formó, pues, El SEÑOR Dios al hombre del polvo de la tierra, y sopló en su nariz el aliento de vida; y fue el hombre un alma viviente.

Génesis 2:7 (JBS)

Aquí hay una manera conveniente de pensar en ello. Imagina una vela rodeada por una pantalla de vidrio. Con la vela apagada, la pantalla es oscura, indistinta. Pero cuando encendemos la vela, la pantalla cobra vida. Brilla con la luz de la vida de la vela.

> *Muchas cosas son ilegales pero todavía están aquí. ¿Por qué? Porque los ciudadanos del Reino aún tienen que levantarse plenamente en poder y dominio y declarar el Reino de Dios en toda nuestra tierra.*

Ahora, imagina que la llama es el Espíritu de vida de Dios. La pantalla de vidrio es el cuerpo. Y la imagen resultante, la combinación de espíritu y cuerpo, forma nuestra alma. Juntos: espíritu, cuerpo, alma, somos seres humanos. Quite uno, cualquiera, y estamos incompletos. No podemos funcionar en la tierra.

Jesús murió cuando entregó su espíritu en la cruz. Las almas bajo el trono de Dios clamaron por venganza y se les dieron túnicas blancas, una forma de cobertura. Estos y otros son ejemplos de lo que sucede cuando estamos separados... literalmente. Por eso, la restauración de la tierra, la nueva tierra, incluye la restauración del ser humano: cuerpo, alma y espíritu. Nuestros cuerpos son vitales para nuestra actividad en la tierra.

La gente dice que la ropa hace al hombre. Creo que eso es cierto. Las personas desnudas tienen muy poca influencia en el mundo. Es mas (o menos, según sea el caso), las personas sin cuerpo tienen cero autoridad en el mundo, suponiendo que podamos descartar uno o tres fantasmas que parecen causar un poco de angustia.

Influimos en nuestro mundo de muchas maneras. Humanos autorizados, aquellos con cuerpos, espíritus y almas, son la oración, accediendo a los recursos de Dios para la raza humana. Cuando Dios le dio al hombre dominio sobre la tierra, estaba hablando a los humanos como espíritu, alma y cuerpo. Por lo tanto, el único ser que tiene derecho legal a gobernar la tierra es el hombre con espíritu, alma y cuerpo. Un humano. Cualquier entidad espiritual sin un cuerpo terrenal es ilegal para gobernar (*radah*) en la tierra.

Hasta que entendamos este concepto, la Biblia no tendrá sentido, incluyendo la encarnación de Jesús. Tampoco la guerra espiritual. Encarnación proviene de la palabra *carno*, que significa "tierra" en hebreo. La palabra *carno* está en la palabra *encarnación*, que significa "espíritu en la tierra". Dios se hizo humano. La encarnación de Cristo significó que el Espíritu de Dios entró en un cuerpo de tierra.

Entonces, cualquier persona sin cuerpo es ilegal en la tierra. Jesús tenía que tener un cuerpo para ser legal en la tierra. Por eso leemos en Hebreos 10:5 (LBLA):

> *"Sacrificio y ofrenda no has querido,*
> *pero un cuerpo has preparado para mí;*

Por supuesto, muchas cosas en este mundo son ilegales, pero todavía están aquí. ¿Por qué? Porque los ciudadanos del Reino aún tienen que levantarse plenamente en poder y dominio y declarar el Reino de Dios en toda nuestra tierra. Los demonios son ilegales; todavía están aquí... pero no por mucho tiempo. Nuestra arma más poderosa involucra nuestro cuerpo. Transmite nuestra energía espiritual al igual que el cañón de un rifle transmite la energía de la pólvora. Incluso podríamos pensar en el alma como la bala.

Cuando renunciamos a nuestro espíritu, morimos. Dependiendo de nuestra comprensión cultural, llamamos a esto la muerte, o estar con Jesús, o la abuela estará bajo tierra por un tiempo. En las

Escrituras, Pablo describe la muerte como un sueño, no como algo para lamentarse sino para comprenderlo.

Pero no queremos, hermanos, que ignoréis acerca de los que duermen, para que no os entristezcáis cómo lo hacen los demás que no tienen esperanza. Porque si creemos que Jesús murió y resucitó, así también Dios traerá con Él a los que durmieron en Jesús.

1 Tesalonicenses 4:13-14

Nuestro lado espiritual nunca muere, así que en realidad nunca morimos. Hablando en términos generales, Pablo dijo que estar ausente del cuerpo es estar presente con Dios.

pero cobramos ánimo y preferimos más bien estar ausentes del cuerpo y habitar con el Señor.

2 Corintios 5:8

Cuando morimos, nuestro cuerpo deja de funcionar. En cierto sentido, nos volvemos ilegales en la tierra. No tenemos derecho a funcionar aquí, así que tenemos que irnos.

Este es un concepto poderoso. Dándole vuelta, dice que nuestro tiempo para influir en la tierra está cerca. No hay tiempo como el presente. Si crees que vas a morir, ve al cielo y haz intercesiones por los santos desde tu trono etéreo, piénsalo de nuevo. Jesús ya tiene ese trabajo. El tiempo—de hecho, la oportunidad—para que los humanos establezcan el Reino de Dios es ahora.

El arma más poderosa que poseemos en esta tierra como embajador, como hijo, como hija, como ciudadano del Reino de Dios, es nuestro cuerpo. Piense en ello como su pasaporte. Si estoy en Filipinas sin pasaporte, soy ilegal. Si aparezco en Rusia, me paro en medio de la Plaza Roja y declaro: "Pueblo de Rusia, estoy aquí para sacarlos de la oscuridad", será mejor que tenga un pasaporte. Porque si no lo hago, ¿adivina qué? Soy ilegal, y posiblemente muera rápidamente.

Nuestro cuerpo es nuestro pasaporte a la tierra; nos convierte en residentes legales; nos hace ciudadanos.

Es por eso que los demonios intentan entrar en los cuerpos de las personas. Necesitan derechos legales sobre la tierra para llevar a cabo sus negocios. Los demonios no son estúpidos. Saben que son ilegales sin un cuerpo. ¿Alguna vez leemos de un demonio discutiendo con Jesús? ¿Incluso una vez? Rogando... sí. ¿Pero tratando de ganar ventaja? ¿El más mínimo gemido de desafío? No. ¿Por qué? Porque saben que están atrapados, expuestos, y la palabra de Dios es lo absoluto en el cielo y en la tierra.

Tú crees que Dios es uno. Haces bien; también los demonios creen, y tiemblan.

Santiago 2:19

Nuestro cuerpo es nuestro pasaporte a la tierra; nos convierte en residentes legales; nos hace ciudadanos

Podemos expulsar a los espíritus malignos de las personas porque no tienen autoridad legal aquí. Están invadiendo ilegalmente algo que no les pertenece.

El hecho es que Dios lo dispuso de esta manera, y aunque podemos alegrarnos de que tenemos autoridad, las palabras de Jesús deben resonar profundamente en nuestras conciencias.

Sin embargo, no os regocijéis en esto, de que los espíritus se os sometan, sino regocijaos de que vuestros nombres están escritos en los cielos.

Lucas 10:20

¡Bravo! Nosotros somos humanos. ¡Somos... un... ser! Tenemos poder, nuestra autoridad dada por Dios. Suena genial, ¿no? Sí, Dios es soberano, pero no está predispuesto a hacer lo que asignó y equipó al hombre para que él haga.

Recuerde Génesis 1:26. Cuando Dios le dio a la humanidad el dominio sobre la tierra, no se incluyó a sí mismo. No importa cómo tratemos de analizar el hebreo, empleemos cualquier estudio, concordancia o herramienta para doblar las Escrituras que podamos encontrar, no podemos escapar del hecho de que Dios se quitó a sí mismo de los asuntos inmediatos de la tierra y le dio dominio a los humanos. Cuando Dios dijo: "Que tengan dominio sobre la tierra", estaba estableciendo un decreto legal. Mira, cuando Dios habla, todo lo que dice se convierte en ley. Y aunque Dios está por encima de la ley, hizo la ley por una razón. Él quiere que la humanidad crezca.

¿Quieres cambiar las cosas malas de este mundo?

Los humanos tienen la autoridad sobre la tierra.

¿Quieres establecer el Reino de Dios?

Los humanos tienen autoridad sobre la tierra.

¿Quiere evitar que los ríos se desborden, que los niños mueran de hambre, que el diablo gane?

Los humanos tienen autoridad sobre la tierra.

¿Quieren que los Bravos de Atlanta ganen la Serie Mundial?

Bueno, siempre existe la soberanía de Dios.

DIOS ES SOBERANO

Que conste, Dios ocasionalmente interviene en los asuntos del hombre. De hecho, la tierra todavía pertenece al Señor de la misma manera que un propietario es dueño de la propiedad que arrienda. Lo sabemos por el Salmo 24.

> *De Jehová es la tierra y su plenitud,*
> *el mundo y los que en él habitan,*
> *porque él la fundó sobre los mares*
> *y la afirmó sobre los ríos.*
>
> Salmos 24:1-2

Esto es reforzado aún más por Isaías:

> *yo soy Dios; y no hay otro Dios,*
> *ni nada hay semejante a mí,*

> *que anuncio lo por venir desde el principio,*
> *y desde la antigüedad lo que aún no era hecho;*
> *que digo: "Mi plan permanecerá*
> *<u>y haré todo lo que quiero</u>."*
>
> Isaías 46:9-10

Las Escrituras abundan en relatos de Dios tomando la iniciativa, diciéndole al hombre como va a ser y luego lo hace. Aquí está Jesús anunciando en términos claros lo que tiene la intención de hacer a la iglesia en Tiatira.

> *... Pero tengo contra ti que toleras que esa mujer Jezabel,*
> *que se dice profetisa, enseñe y seduzca a mis siervos para*
> *fornicar y para comer cosas sacrificadas a los ídolos. Yo le*
> *he dado tiempo para que se arrepienta, pero no quiere*
> *arrepentirse de su fornicación. Por tanto, yo la arrojo en*
> *cama; y en gran tribulación a los que adulteran con ella, si*
> *no se arrepienten de las obras de ella. A sus hijos heriré de*
> *muerte y todas las iglesias sabrán que yo soy el que*
> *escudriña la mente y el corazón. Os daré a cada uno según*
> *vuestras obras.*
>
> Apocalipsis 2:20-23

¿Quién esta hablando? Jesús.

¿Qué va a hacer? Enfermedad, tribulación, plaga.

¿En la autoridad de quién está operando? La suya propia.

Sin embargo, para muchas otras escrituras que representan la espada terrible y veloz de Dios, hay otros ejemplos de Dios a quien se le disuadió de actuar.

> *Continuó diciendo Jehová a Moisés: Yo he visto a este*
> *pueblo, que por cierto es un pueblo muy terco. Ahora,*
> *pues, déjame que se encienda mi ira contra ellos y los*
> *consuma[...] Entonces Moisés oró en presencia de Jehová,*
> *su Dios, y dijo: ¿Por qué, Jehová, se encenderá tu furor*
> *contra tu pueblo, el que tú sacaste de la tierra de Egipto*

con gran poder y con mano fuerte? [...]Vuélvete del ardor
de tu ira y arrepiéntete de este mal contra tu
pueblo.[...]Entonces Jehová se arrepintió del mal que dijo
habría de hacer a su pueblo.

Éxodo 32:9-12, 14

Podemos señalar aquí dos cosas. Primero, que Dios tenía la autoridad para actuar contra los hijos de Israel, y segundo, que cambió de opinión cuando un hombre, que también tenía autoridad en la tierra, lo disuadió. Sí, los humanos tienen autoridad. Dios espera que usemos esa autoridad. La nuestra es la autoridad dada por Dios. Es decir, está destinado a ser usado para propósitos benignos: hombres y mujeres redimidos que establecen el Reino de Dios en la tierra. Los hombres y mujeres no redimidos también tienen autoridad como seres humanos. Están estableciendo el reino de Satanás en la tierra. Puede que no lo sepan, pero cuando las cosas se derrumben y vean lo que sucede, sabrán quién lo hizo.

La provisión de Dios

Dios confía en los humanos para llevar a cabo su voluntad en la tierra. En ese sentido, Dios nos necesita. Rara vez sucede algo en la tierra sin la cooperación de los humanos. Ese es el poder que tenemos; así de poderosos somos. Si Dios dice A, y el hombre dice B, la mayoría de las veces sigue siendo B. Y Jesús dijo: "Donde dos están de acuerdo".

Somos el recurso que Dios espera usar para hacer avanzar su Reino. Dios siempre mirará al hombre en primer lugar.

Esta perspectiva arroja la religión en picada. La religión necesita caer en picada. Eso es lo que sucede justo antes de que se estrelle.

Aquí hay un ejemplo de cómo funciona la provisión de Dios. ¿Qué pasaría si Dios le dijera a Fred (un nombre inventado totalmente al azar): "Fred, quiero que le des a Greg mil dólares. Necesita llevar a cabo una reunión en Texas".

Claramente, Dios quiere que Greg tenga mil dólares. Dios prometió ser el recurso de Greg para su tarea. Pero, ¿qué sucede si Fred dice "¡De ninguna manera! ¡Ese tipo es un vagabundo!

Entonces, ¿Greg aún recibe los $1,000? Tal vez. Tal vez no.

Aquí están las posibilidades.

➤ Dios consigue a alguien más con un nombre totalmente inventado para darle a Greg los $1,000.
➤ Dios consigue que el hotel le dé a Greg la sala de reuniones gratis.
➤ Dios le dice a Greg que cancele la reunión.
➤ Greg ora: "Oye, Dios, tal vez pídele a alguien que no sea inventado esta vez?"

El punto es que somos el recurso que Dios espera usar para hacer avanzar su Reino. Dios siempre mirará al hombre ante todo.

LA PROVISIÓN DE ELÍAS

En 1 Reyes 19, Elías estaba teniendo un mal día. Había matado a los profetas de Baal y ahora estaba huyendo de Jezabel, quien aparentemente aún no había leído sobre su destino en Apocalipsis 2.

Luego de caminar todo un día por el desierto, fue a sentarse debajo de un enebro. Entonces se deseó la muerte y dijo: «Basta ya, Jehová, quítame la vida, pues no soy yo mejor que mis padres." (v 4)

Dios tomó acción directa.

Y echándose debajo del enebro, se quedó dormido; pero un ángel lo tocó, y le dijo: «Levántate y come.» Miró y vio a su cabecera una torta cocida sobre las ascuas y una vasija de agua; comió, bebió y volvió a dormirse. Regresó el ángel de Jehová por segunda vez, lo tocó y le dijo: «Levántate y come, porque largo camino te resta.» Se

levantó, pues, comió y bebió. Fortalecido con aquella
comida anduvo cuarenta días y cuarenta noches hasta
Horeb, el monte de Dios. (v.5-8)

Note que ningún hombre estuvo involucrado en la restauración de Elías en este momento. Estaba en el fondo. Dios tuvo que intervenir para salvar la vida de este profeta abatido. Pero a Elías no se le permitiría permanecer en esta condición. Habiendo restaurado su cuerpo, Dios ahora restauró su alma.

Allí se metió en una cueva, donde pasó la noche. Llegó a él
palabra de Jehová, el cual le dijo: ¿Qué haces aquí, Elías?"
(v. 9)

Elías expuso su caso.

He sentido un vivo celo por Jehová,…. Sólo yo he quedado y
me buscan para quitarme la vida. (v. 10)

La respuesta de Dios lo dice todo. (Por lo general así lo hace.)
Pero haré que queden en Israel siete mil, cuyas rodillas no se
doblaron ante Baal y cuyas bocas no lo besaron.(v. 18)

A pesar de todo lo que Elías enfrentó, de todo su sufrimiento, Dios podría haber eliminado a Jezabel, al debilucho sin agallas de su esposo Acab y a los despreciables profetas de Baal. Pero, ¿qué habría cambiado? Nuevas Jezabeles habrían surgido de los hijos de los hombres. Los nuevos Acab se habrían sentido atraídos por ellos y habrían entregado su... bueno, ya sabes. Y el demonio Baal habría corrompido aún a más necios para que se convirtieran en sus profetas. La situación solo habría empeorado, como cortar el tallo de una mala hierba pero dejando la raíz.

Lo peor de todo, Elías habría fallado en la lección. Dios quería obrar a través de él. A menudo, él está trabajando más cuando pensamos que está haciendo lo mínimo. Elías pensó que estaba solo, y de hecho lo estaba, solo en su cueva. Pero de pie donde estaba Dios, estaba en buena compañía —siete mil hombres fuertes— y bien provistos.

¿Y Fred? Si todavía estás leyendo esto, estoy esperando esos $1,000.

NUESTRA ASOCIACIÓN CON DIOS

A veces hacemos lo que sabemos que Dios quiere que se haga. ¿Quién necesita escuchar a Dios antes de alimentar a sus hijos con el desayuno?

A veces trabajamos de la mano con Dios. OK, Dios, ¿cómo vamos a alimentar a estos niños esta mañana?

A veces Dios interviene directamente. "Ey, despierta. Tus hijos necesitan alimentarse. Habrá un golpe en la puerta."

Muy poco sucede en la tierra sin la cooperación de los humanos. Ese es el poder que tenemos. Sin este entendimiento, nunca maduraremos hasta convertirnos en embajadores en la tierra. Dios está buscando asociarse con nosotros, y hará todo lo posible para enseñarnos esta lección. A veces, prescindir de algo es la única manera de aprender esa lección.

Oramos y oramos para que Dios provea, y todavía estamos arruinados. Oramos por sanidad, y todavía estamos enfermos. Oramos por los barrios, las regiones y las naciones, y todavía están en tinieblas. Confesamos las escrituras, las que apoyan nuestro punto de vista, y nada sucede. ¿Por qué?

¿Podría ser que hemos estado esperando que Dios haga algo y Dios está esperando que nosotros hagamos algo? ¿Y si ese "algo" pudiera ser... oh, no sé... trabajo?

Respira profundamente. Somos muy importantes para Dios. Si estás en un concurso de quien parpadea primero con Dios, piensa que mejor parpadeas tu primero. Él es bueno esperando. Él es eterno. Nosotros somos los que nos dormiremos algún día.

EL PLAN

> *Hemos estado esperando que Dios haga algo, y Dios está esperando que nosotros hagamos algo.*

Cuando Eva estaba a punto de coger el fruto del árbol del conocimiento del bien y del mal, ¿por qué Dios no la detuvo? Podría habernos ahorrado a todos muchos problemas si hubiera evitado que esa mujer cogiera esa fruta. O... ¿lo hubiera hecho?

El caso es que Dios tenía un plan. Pudo haber detenido a Adán y Eva ese día. Pero ¿qué pasa con el día siguiente, y el día después de ese? ¿Qué habrían aprendido? Tenemos que entender que la reacción de Dios a la desobediencia de Adán y Eva no fue una revisión de los daños hechos. La sentencia del diablo, disfrazado de serpiente, fue rápida y segura. Y anunció al Mesías.

> *Pondré enemistad entre ti y la mujer,*
> *y entre tu simiente y la simiente suya;*
> *ésta te herirá en la cabeza,*
> *y tú la herirás en el talón.*

> Génesis 3:15

Recuerde la descripción de Jesús: "el Cordero que fue inmolado desde la creación del mundo" (Apocalipsis 13:8). Seguro que suena como un plan, ¿no? Hebreos continúa con este tema.

> *"Por lo cual, entrando en el mundo dice:*
> *«Sacrificio y ofrenda no quisiste,*
> *mas me diste un cuerpo.*
> *Holocaustos y expiaciones por el pecado no te agradaron.*
> *Entonces dije: 'He aquí, vengo, Dios,*
> *para hacer tu voluntad,*
> *como en el rollo del libro está escrito de mí.'"*

La redención del hombre era todo el plan de Dios. El Antiguo Testamento es el acto de Dios cumpliendo lo que prometió. Dios necesitaba un cuerpo, entonces Jesús vino a la tierra.

El profeta Isaías vio esto un poco más profundo.

Por tanto, el Señor mismo os dará señal:
La virgen concebirá
y dará a luz un hijo,
y le pondrá por nombre Emanuel.

Isaías 7:14

Interesante nombre, Emanuel. Tradicionalmente interpretamos a *Immanuel* como "Dios con nosotros", pero *Im* significa "humanidad". La u-e-l es Elohim, que significa "Dios dentro de un hombre". Entonces, la traducción más precisa de Isaías 4:17 es que una virgen quedará embarazada y dará a luz un hijo, y su nombre será "Dios dentro del cuerpo de un hombre"

Porque un niño nos ha nacido, hijo nos ha sido dado.

Isaías 9:6

Isaías no quiere decir que el hijo de Dios nacería. Jesús nunca nació. El niño nació; El hijo de Dios fue dado. No confundas al niño con el hijo. Estas son dos palabras diferentes, dos significados diferentes del hebreo. María no es la madre de Jesús. María es la madre del niño. El niño hizo del hijo un ser humano completamente investido. Jesús era completamente hombre y completamente Dios. Satanás no supo qué hacer con eso.

En Génesis 18, cuando Dios quiso juzgar a Sodoma y Gomorra, simplemente podría haber borrado estas ciudades del mapa. En cambio, Dios obró a través de Abraham para desatar su juicio en la tierra. Abraham rogó a Dios por misericordia. Dios todavía era soberano, y las súplicas de Abraham eran solo eso: apelaciones. Al final, Dios le dio a Abraham un margen de maniobra, pero no se pudieron encontrar diez justos, por lo que Dios llevó a cabo su juicio con el reconocimiento explícito del hombre reinante.

> *La redención del hombre era todo el plan de Dios. El Antiguo Testamento es el acto de Dios cumpliendo lo que prometió.*

*Entonces Jehová Dios formó al hombre del polvo de la
tierra, sopló en su nariz aliento de vida y fue el hombre un
ser viviente.*

Genesis 2:7

Cuando Dios creó al hombre, al *humas*-hombre, acercó su nariz a
la nariz del hombre y sopló vida. Esto se repitió en los Evangelios.
Después de su crucifixión, Jesús se sentó a la orilla del mar y preparó
el desayuno para sus discípulos. Luego hizo algo profundo:

Y al decir esto, sopló y les dijo: Recibid el Espíritu Santo.

Juan 20:22

En el griego y en el hebreo, la definición es la misma. Es la misma
respiración. Les impartió Espíritu Santo en esa playa. Pudieron recibir
al gobernador de la tierra de nuevo en su vida. Espíritu Santo pudo
venir. Luego dijo: "Ve al aposento alto y espera la promesa."

¿La promesa de qué?

El Espíritu Santo.

Pensé que acababan de recibir el Espíritu Santo cuando sopló sobre
ellos.

La playa fue la impartición. El aposento alto era la activación. Fue
la manifestación del Espíritu Santo en sus vidas lo que recibieron.

Luego, en Pentecostés, hicieron cosas que nunca podrían haber
hecho por su cuenta. Hablaban en otras lenguas, lenguas de fuego.
Pedro predicó como un hombre en llamas y 3.000 almas fueron
añadidas al Reino.

LA LEY DE LA ORACIÓN

La autoridad legal en la tierra está en manos de los humanos
(*humanos*-hombre). Tenemos autoridad. Aunque Dios es soberano,
rara vez viola este arreglo. Muy poco sucede en la tierra sin la
cooperación de la humanidad. Es por eso que Dios desea que oremos,
pidamos y nos asociemos con él.

todo lo que atéis en la tierra será atado en el cielo; y todo lo que desatéis en la tierra será desatado en el cielo.

Mateo 18:18

También les refirió Jesús una parábola sobre la necesidad de orar siempre y no desmayar,

Lucas 18:1

Otra vez os digo que si dos de vosotros se ponen de acuerdo en la tierra acerca de cualquier cosa que pidan, les será hecho por mi Padre que está en los cielos.

Mateo 18:19

La humanidad tiene la licencia en la tierra. Dios es el que dio la licencia, el que emitió la licencia. Jesús todavía retiene la máxima autoridad en la tierra. Obtenemos autoridad a través de nuestra ciudadanía según el Reino.

Jesús se acercó y les habló diciendo: «Toda potestad me es dada en el cielo y en la tierra. Por tanto, id y haced discípulos a todas las naciones, bautizándolos en el nombre del Padre, del Hijo y del Espíritu Santo, y enseñándoles que guarden todas las cosas que os he mandado. Y yo estoy con vosotros todos los días, hasta el fin del mundo."

Mateo 28:18-20

10

Conclusión

EN EL PRINCIPIO, un cuerpo dormido yacía sin vida y vacío, una obra inacabada de gran potencial. Creado por Dios, esperaba las palabras de su creador para darle vida. Mientras el Espíritu de Dios se movía sobre la superficie del abismo, el Creador habló: "¡Sea la luz!" Y la luz fue. Entonces, la vida comenzó en el ser naciente que llamamos tierra, nuestro planeta de origen.

Con el tiempo, otro cuerpo dormido yacía sin vida. Creado por Dios, esperaba también la palabra de su creador para darle vida. Elaborado a partir del polvo de la tierra, la suciedad, se parecía a un hombre, pero aún no era un hombre hasta que el Creador le infundió el aliento de vida. Así, el hombre se convirtió en un alma viviente.

El hombre emergió a la vida y supo de su misión. Se le dio dominio—*radah*—sobre la tierra También se le dio acompañante, uno de su propio cuerpo. Ella no fue creada de tierra, sino de carne y hueso. Juntos, gobernaron como rey y reina bajo la soberanía del Señor.

Estaban bien equipados para gobernar toda la creación. Tenían cuerpos, almas y espíritus. Eran capaces, adaptables y jóvenes. Sin embargo, cuando alcanzaron el conocimiento del bien y del mal, perdieron mas que su inocencia. Perdieron su derecho a gobernar. El Reino pasó del hombre a Satanás. Como resultado, el pecado (rebelión, traición) entró en el mundo, y la muerte pasó a todos los que vendrían después de ellos porque todos los hombres pecaron.

Sin embargo, Dios tenía un plan. Algunos sospechan que fue su plan todo el tiempo.

Un tercer cuerpo sin vida yacía dormido. Enviado por el Padre, era a la vez hijo de Dios e hijo del hombre. Vino a restablecer el gobierno del Reino y su tarea estaba casi completa. Edificó su

> *Sin embargo, Dios tenía un plan. Algunos sospechan que fue su plan todo el tiempo*

Ekklesia, y las puertas del infierno no pudieron prevalecer contra ella. Nombró embajadores, ciudadanos de su Reino, para ir al mundo portando el poder y la autoridad del Reino de Dios. Abrió los cielos para el Espíritu de Dios, el mismo espíritu que una vez se cernió sobre el planeta oscuro, para llenar a los creyentes en todas partes. Dejó un testamento forjado en la sangre de su sacrificio. Siendo la misma palabra de Dios, resucitó, y su vida fue la luz de la humanidad.

Hoy, otro cuerpo yace latente. Se parece a lo que Dios pretendía; pero está inacabado, una forma sin vida, impotente e ineficaz. El problema es que no sabe que está inactivo. Cree que es el reino de Dios en la tierra, pero es un reino de rituales, doctrina, jerarquía y observancias excepcionales. Besan las estatuas de piedra para recibir una bendición. Se reza a los santos de antaño como intermediarios del Padre. Una jerarquía de hombres y mujeres titulados pretende escudriñar las escrituras en nombre de las masas, pero nunca llegan al Cristo vivo encerrado dentro de estas palabras ungidas.

Vivimos en una época en la que la muerte se disfraza de vida, en la que las mentiras se consideran verdad y la oscuridad prevalece sobre la luz. El pueblo de Dios está siendo destruido sistemáticamente por falta de conocimiento. ¿Y quién es el destructor? El mismo que se presenta como el dios de este mundo. El reinado de Satanás ha terminado; Jesús lo terminó. Sin embargo, no todos se dan cuenta de esto.

Después de la Guerra Civil de América, las batallas aún se libraban semanas después de la rendición de Lee en Appomattox. Las noticias viajaban lentamente en el siglo XIX. La paz se había ganado, pero la noticia de esa paz aún no había llegado a la población.

Hoy, estamos a punto de darnos cuenta plenamente del Reino que Jesús ganó hace más de 2000 años. Incluso en nuestra era de la información, las noticias viajan lentamente, pero todos los poderes de la oscuridad no pueden evitar que se propaguen. Nuestro mensaje es seguro y nuestro éxito está garantizado… sí participamos.

> *Somos llamados, equipados y destinados. Es hora de ponerse de pie.*

Garantizado, interesante palabra. La gente la asocia con muchas otras cualidades: *seguro, fácil, simple, perfecto*. En cuanto al Reino de Dios, su prevalencia está asegurada. La victoria ya ha sido ganada. Lo que no es seguro es cómo se manifestará esa victoria.

¿Cuántas personas buenas sufrirán? ¿Cuántas personas inocentes morirán? ¿Cuántas personas malvadas serán exaltadas hasta que nosotros, la iglesia, tomemos el lugar que nos corresponde en el Reino de Dios como ciudadanos: hijos e hijas del Rey?

Cuando Dios sopló vida en la tierra, en la humanidad y en su propio hijo, solo pudo iniciar la vida. La voluntad de vivir, de avanzar y lograr todo lo que el Creador deseaba, tenía que surgir de un impulso inherente. Esto también vino a través de la palabra de Dios. La tierra fue comisionada. La humanidad fue comisionada. Incluso Jesús fue comisionado. Y ellos respondieron con vigor.

Hoy, estamos en una guerra para promover el propósito de Dios. Las necesidades están a nuestro alrededor. Los campos están listos por la cosecha, y hay territorio por tomar. Somos llamados hijos e hijas, reyes y reinas, pero ¿con qué propósito? ¿Un lugar en la mesa? ¿Privilegio real? ¿Un trono dorado? No. Estamos dotados de derechos para cumplir con nuestra comisión. Cada uno de nosotros tiene una vocación y un libre albedrío. Somos ciudadanos designados embajadores del Reino de Dios para establecer su Reino. Tenemos un trabajo que hacer.

Sí, tenemos ciertos derechos y responsabilidades... pero también tenemos opciones. ¿Cumpliremos nuestro destino? ¿O simplemente agarraremos nuestro boleto al cielo y contaremos los días hasta nuestra liberación de este velo mortal? ¿Nos uniremos a la lucha? ¿O nuestra salvación se trata solo de nuestras vidas y no de las vidas de muchos?

Nuestro propósito no es simplemente dejar este planeta de oscuridad; se trata de tomar las naciones para nuestro Rey. Se trata de ser la luz.

Karl Marx, padre del comunismo moderno, dijo célebremente: "La religión es el opio de las masas". Él estaba en lo correcto. Lo es. La mera religión nos pacifica, nos seda, nos distrae del objetivo real y nos ocupa con la forma sobre la función. La religión es adictiva. Funciona al desencadenar nuestra respuesta a un desafío. Escuchamos "Estudia para demostrar que entiendes", y actuamos como si nos dijeran: "Trabaja duro para ganarte el favor de Dios". Sustituimos los esfuerzos de gente que está cegada en vez de dejarnos envolver por el Espíritu iluminador de Dios. En verdad, somos seres humanos, llamados a gobernar y reinar. Estamos llamados, equipados y destinados. Es hora de ponerse de pie.

El Reino de Dios está surgiendo de las garras de la religión. Dios le ha dado vida. Ten seguridad que; el Reino de Dios llenará la tierra.

para que en el nombre de Jesús
se doble toda rodilla de los que están en los cielos, en la
tierra y debajo de la tierra;

y toda lengua confiese que Jesucristo es el Señor,
para gloria de Dios Padre.

Filipenses 2:10-11

¿Cuál es el mensaje? Nos inclinaremos, o pereceremos. Las Escrituras nos aseguran que los dones y el llamado de Dios son irrevocables. La participación de cada uno de nosotros, sin embargo, no está asegurada.

Nuestra elección es sencilla. Levántate y únete a los vivos. O retrocede y desvanécete en la oscuridad. No nos dejemos manipular con cuentos del infierno y de las tinieblas; Dios tiene las llaves de esos reinos, y su juicio es seguro. Mas bien, reconozcamos algo más grande: el llamado del destino y nuestro lugar determinado en el gobierno de Dios.

Como ciudadanos del Reino de Dios, levantémonos y pongámonos de pie en nuestro lugar designado en los reinos visibles e invisibles mientras el gran plan de Dios llena la tierra. Viene. Está aquí. Es para siempre.

> *Vuelvo a pensar en mis pequeñas aventuras,*
> *... Mis miedos,*
> *Esos pequeños que parecían tan grandes.*
> *Por todas las cosas vitales que tenía que conseguir y*
> *alcanzar.*
> *Y sin embargo, sólo hay una gran cosa,*
> *La única cosa.*
> *Vivir para ver el gran día que amanece*
> *Y la luz que llena el mundo.*

Canción antigua

ORACIÓN

Padre, oro por un gran cambio en la vida de tus conciudadanos del Reino. Quítalos de los caminos y la influencia de la religión y llévalos a tu fortaleza de ciudadanía. Espíritu Santo, muévelos a una comprensión más profunda de quiénes son en ti y del poder que eres en sus vidas. Hazlos peligrosos en la tierra. Haz retroceder las tinieblas y que los reinos de este mundo doblen sus rodillas ante ti por el esfuerzo de tus hijos e hijas. Fortalécelos, anímalos y actívalos para un mayor propósito del Reino. ¡En el Nombre Fuerte de Jesús! ¡Amén!

Decreto que te estás volviendo más consciente de quién eres como ciudadano en el Reino de Dios, y que tu ciudadanía se traduce en una mayor liberación de tu cargo de embajador para que la influencia en la que el Padre te ha puesto comience a parecerse al cielo (ref. Mateo 6:10).

Sobre el Autor

GREG HOOD NACIÓ Y CRECIÓ EN AMORY, MISSISSIPPI, y ha estado en el ministerio por más de 37 años. Es el presidente y fundador de Greg Hood Ministries, The Network of Five-Fold Ministers and Churches, así como Kingdom University. Todos tienen su sede en los Estados Unidos de América. Es el apóstol principal en Kingdom Life Ekklesia en Franklin, TN, que él y Joan establecieron a fines de 2021.

Greg lidera apostólicamente a muchos líderes e iglesias en todo el mundo. Es un plantador de centros apostólicos y ha sido pionero en varios centros apostólicos dentro de los Estados Unidos y en otras partes del mundo. Greg viaja mucho, capacitando a los creyentes para que persigan con pasión el mandato que Dios les ha dado, lo que resulta en una transformación personal y social. Su mayor pasión es ver al Cuerpo de Cristo llegar a su plenitud dentro del Reino de Dios. Greg con gran pasión, está motivado por hablar a las vidas de aquellos que son llamados al liderazgo de la Iglesia, el Gobierno y en el ámbito de los negocios. Su deseo ardiente es ver a las personas convertirse en quienes Dios las ha creado que sean.

Greg asistió al Instituto Cristo para las Naciones en Dallas, Texas, de 1987 a 1988. Recibió su Maestría en Teología en 2006 y su Doctorado en Teología en 2008 del Centro de Entrenamiento Bíblico Kairos en Waco, Texas.

Greg es autor de varios otros libros, incluidos Reconstruyendo el Altar Roto; Despertar del caos en 2020, El Evangelio del Reino en 2022 y Filiación según el Reino; Steeping into the Power of True Identity en 2023. Estos libros también están en otros idiomas.

Greg y su esposa, Joan, han estado casados por 27 años. Los Hood tienen la sede de su ministerio en Franklin, Tennessee.

Información de contacto

Dr. Greg Hood, Th.D.
Greg Hood Ministries / Kingdom University
1113 Murfreesboro Road
Suite 106 #222
Franklin, TN 37064
office@greghood.org
www.GregHood.org
www.KingdomU.org

Trabajo Previo

Damos gracias por: La Filiación según el Reino

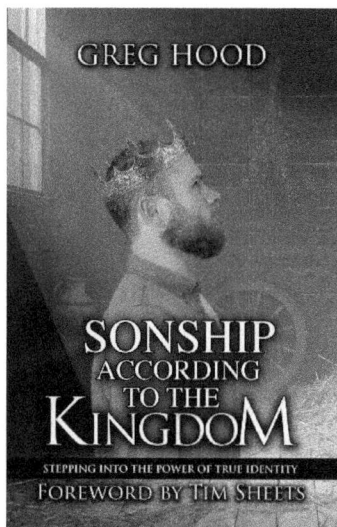

Lamentablemente, muchos creyentes nunca llegan a un verdadero entendimiento de quiénes son realmente en Cristo. Pablo reprendió a los corintios por actuar como meros humanos. Somos más que pecadores salvados; somos nuevas creaciones. Como hijos e hijas del Dios Altísimo, estamos llenos de Su Espíritu, infundidos con Su naturaleza, herederos en Su Reino y socios en Su gran causa. Llegará a una mayor revelación de esto a medida que lea el poderoso libro de Greg Hood *La Filiación según el Reino*.

Dr. Dutch Sheets

Dutch Sheets Ministries y *Give Him 15* daily prayer and decrees.

Autor más vendido de: Authority in Prayer, An Appeal to Heaven, Intercessory Prayer

Mientras reflexiono sobre las Joyas en el Tesoro del Señor, que a veces se han perdido y deben redescubrirse, me atraen tres palabras que comienzan con la letra "I". Estas no son solo palabras o frases pegadizas, sino más bien rasgos de carácter. Estos son: 1) Integridad... 2) Intensidad... y 3) Identidad... Sería fácil para mí agregar algunas de mis otras palabras favoritas del Reino "I" como "Intercesión" e "Intencionalmente" y otras.

Tengo el honor de endosar el libro del Dr. Greg Hood, *La Filiación según el Reino*.

¡Equipado para equipar!

Dr. James W Goll
God Encounters Ministries, GOLL Ideation LLC

Las naciones están en una crisis impulsada en gran medida por la maldición de la falta de padres y la ruptura del núcleo familiar. La solución: revertir la maldición a través de *La Filiación según el Reino*. Nosotros pertenecemos. Somos suyos. No estamos abandonados. No somos huérfanos. Él ha asumido la responsabilidad de la paternidad por nosotros. Este poderoso libro, escrito por mi amigo Greg Hood, contiene las claves no solo para una vida transformada, sino también para el poder de ¡cambiar el mundo!

Jane Hamon
Apóstol, Vision Church @ Christian International
Autor: Dreams and Visions, The Deborah Company, The Cyrus Decree, Discernment and Declarations for Breakthrough

La Filiación según el Reino lleva al lector en un viaje reflexivo a través de lo que significa ser un hijo de Dios. Greg Hood demuestra una pasión por ver a las personas vivir la vida al máximo. Para hacerlo, señala que, debemos entender los recursos que hay a nuestra disposición. Atrás quedaron los días en que los cristianos pueden racionalizar una fe débil. *La Filiación según el Reino* desafía al lector a ver evidencia tangible de una vida dedicada a Cristo. Aquellos contentos con un estilo de vida mediocre no necesitan leer este libro.

Christina Bobb

Abogado del Presidente Donald J. Trump

Autor, Stealing Your Vote: The Inside Story of the 2020 Election and What It Means for 2024

Funcionar en el poder milagroso del Señor, atravesar pruebas y dificultades y/o ser usado para impactar al mundo con el Reino de Dios requiere esencialmente una cosa. Esa cosa es una revelación de quiénes somos cómo hijos de Dios. Cuando nosotros, por la revelación del Espíritu de Dios, reconocemos nuestro estatus con Dios, el rechazo se desvanece y llega el empoderamiento. Mi viejo amigo, Greg Hood, hace un trabajo magistral al resaltar estas verdades en su nuevo libro *La Filiación según el Reino*. No se sentirá decepcionado con su inversión en este libro. ¡Podría cambiar tu vida!

Robert Henderson

Autor más vendido de *The Courts of Heaven* series

En el libro clásico de 1500 años de antigüedad de Sun Tzu: El arte de la guerra, se nos recuerda que para la victoria, "uno debe conocer a su enemigo... muchos no ven que para la victoria, uno debe conocerse a sí mismo...". El Dr. Greg Hood ha dado en el blanco en su nuevo libro *La Filiación según el Reino*. Declara con fuerza la importancia de que los creyentes del Reino adopten y vivan su nueva identidad en Cristo. Este poderoso volumen liberará el potencial del Reino en todos los que capten sus poderosas verdades....

Dr. Ron Phillips, D. Min

Pastor Emeritus Abba's House, Chattanooga, TN

Fresh Oil Ministries

¡Este libro es una lectura obligatoria! ¡Fui informado, iluminado e impactado mientras devoraba las páginas de este bien escrito y muy comprensible volumen!

Me encanta la forma en que Greg entretejió un tapiz de hilos bíblicos, teológicos, históricos y autobiográficos para presentar la revelación del Reino de Dios, y su expresión y ministerio, en la tierra a través de los hijos e hijas del Señor Dios. Hay muchos lugares en el libro donde te reirás mientras aprendes.

El corazón de este libro ayudará a los seguidores del Rey Jesús a estar preparados para la vida y el ministerio a medida que cada uno vea su identidad como hijo o hija del Padre Dios y miembro de Su familia.

Dr. Jim Hodges
Federation of Ministers and Churches International
Cedar Hill, TX

Damos gracias por: El Evangelio del Reino.

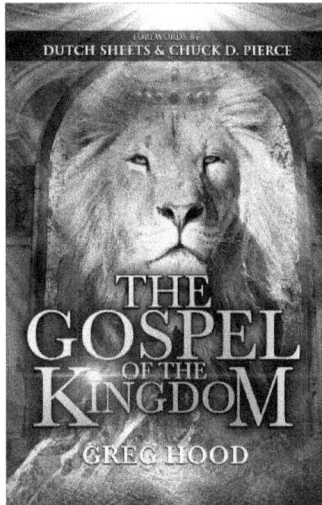

Mi amigo, Greg Hood, no solo es un maestro de la Palabra, sino también un estudiante. Siempre aprendiendo, siempre madurando... como todos deberíamos ser. Los conceptos y la verdad de este libro pueden ser nuevos para usted y eso está bien. Se basan en las Escrituras, pero recién están entrando en su tiempo. Reino, Conexión del Reino, Ekklesia, Apóstoles, Reinando en Vida y mucho más en estas páginas que te inspirarán y animarán y, sobre todo, te cambiarán. ¡Los animo a que tomen una taza de café, abran sus corazones y mentes a lo que Dios está diciendo y haciendo, y tomen notas! Prepárate para crecer.

Tim Sheets, Apóstol
Autor de *Angel Armies, Angel Armies on Assignment, Planting the Heavens*
Tim Sheets Ministries
The Oasis Church, Middletown, Ohio

En *El Evangelio del Reino*, mi amigo Greg Hood nos da un lenguaje que despierta en nuestros corazones una nueva pasión por ver el gobierno de Dios manifestado en la tierra. Este libro le ayudará a desarrollar en usted un corazón por lo que a Dios mismo le apasiona. Deja que te conmueva con lo que lo conmueve a Él, la redención de todas las cosas de regreso a Él mismo.

Robert Henderson
Autor más vendido, *Courts of Heaven Series*

El Evangelio del Reino revolucionará la forma en que los creyentes viven la misión y el mandato de Cristo de cambiar nuestro mundo. El apóstol Greg Hood aporta un nuevo enfoque a este tema vital que empoderará a los miembros de la Ekklesia de Cristo para usar la autoridad que Dios les ha dado para hacer que venga el Reino de Dios y que se haga su voluntad en la tierra como en el cielo.

Jane Hamon, Apóstol
Vision Church

Voces apostólicas y proféticas en todas partes están de acuerdo en que la iglesia, la Ekklesia, ha entrado en una nueva era, una nueva Reforma. En su libro, *El Evangelio del Reino*, el Dr. Greg Hood desafía a los creyentes a cambiar la mentalidad de practicar una religión por una mentalidad de cumplir el mandato original del Reino de Dios de redimir y restaurar la tierra. Como embajadores terrenales de Dios de Su Reino, debemos comprender la autoridad y la responsabilidad que se nos ha conferido, y examinar las Escrituras con una nueva luz y comprensión para que podamos hacer que los reinos de este mundo se conviertan en los reinos de nuestro Señor y de su Cristo.

Tom Hamon, Apóstol
Vision Church

El Dr. Greg Hood ha escrito un libro muy necesario para el cuerpo de Cristo en este momento crítico. Es un fundamento apostólico sobre el cual apoyarnos y nos dará contexto y orden a nuestro llamado del Reino. *El Evangelio del Reino* ha sido escrito por un erudito que ama la palabra de Dios y ha comunicado de una manera fresca y directa exactamente lo que el Padre envió al Señor a hacer y por qué estamos siendo equipados, "Para este tiempo específico." Las asignaciones del Reino que tenemos ante nosotros requerirán atar al hombre fuerte y saquear al enemigo.

Anne S. Tate
Directora internacional de Prayer and the Watches
Glory of Zion, International

El Evangelio del Reino es uno de los mensajes más importantes que sustenta gran parte de nuestra comprensión de las Escrituras y la relación entre el hombre y Dios. Jesús, quien era un hombre perfecto y Dios encarnado, hizo del Evangelio del Reino la esencia de su predicación mientras estuvo en la tierra, haciendo del Evangelio del Reino el mensaje más importante que Jesús jamás predicó y que espera que sus seguidores en todo el mundo lo emulen. Estoy convencido de que gran parte del cuerpo de Cristo es débil por falta de comprensión del Evangelio del Reino. El libro de mi querido amigo, el Dr. Greg Hood, cambia por completo esa desafortunada trayectoria al reintroducir gran parte del cuerpo de Cristo a el Evangelio del Reino. Recomiendo encarecidamente este poderoso libro a cualquiera que se tome en serio la transformación personal y la transformación de la cultura.

Dr. Francis Myles
Autor: *The Order of Melchizedek*
Fundador: Francis Myles International

¡ESTE LIBRO! Aquí está, una imagen asombrosamente simple pero profunda del Reino de Dios. Greg hace un gran trabajo al sacar a la luz la verdad sobre la intención original de Dios, lo que tenía en mente hacer, desde "... antes de la fundación del mundo". Este libro aclara todas las cosas cuestionables que hemos escuchado y enseñado con respecto a Su voluntad, Su carácter, Su corazón por la humanidad y el propósito de Su Reino. ¡SE DEBE LEER!

Apóstol Randy Lopshire
Riverside Church
Clarksville, TN

Mi familia y yo hemos llegado a conocer a Greg y Joan Hood, no solo en forma de liderazgo espiritual, sino también en forma personal.

Son fieles, amables y sabios... más allá de sus años.

Este libro es una lectura asombrosa. ¡La sabiduría y la interpretación de las Escrituras de Greg son tan perspicaces y ¡energizantes! ¡Todos necesitan una copia de este libro como guía para la vida y la salvación! Estamos orgullosos de conocer y amar a este hombre de Dios y tenemos la máxima confianza en él.

¡Shalom a todos!

Lily Isaacs and the Isaacs Family
Miembros de the Grand Ole Opry

Damos gracias por: Despertando del Caos, Reconstruyendo el Altar Roto.

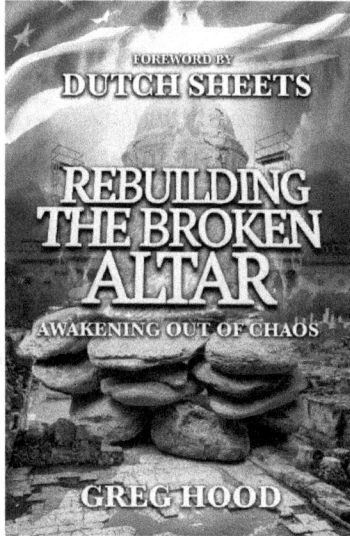

Este libro está tan lleno de conocimiento sagaz y revelación inspirada por el Espíritu para descubrir. Sería difícil encontrar un libro más oportuno y más relevante para la Iglesia y las naciones, especialmente para Estados Unidos, que *Despertando del Caos*. Lamentablemente, muchos libros simplemente reafirman las enseñanzas de otros, sencillamente coloreándolas con un giro diferente. Sin embargo, es refrescante cuando leo un libro que me da nuevos pensamientos e información. En pocas palabras, estaba más que entretenido e inspirado por el libro de Greg: ¡aprendí mucho!

Dr. Dutch Sheets, Dutch Sheets Ministries y Give Him 15 daily prayer and decrees.
Autor más vendido de: *Authority in Prayer, An Appeal to Heaven, Intercessory Prayer*

SI ALGUNA VEZ HUBO UN MOMENTO CUANDO un pueblo necesitaba volver al Señor es ahora. En su libro *"Despertando del Caos"*, Greg Hood da una idea del proceso necesario para recuperarnos a nosotros mismos del lazo del diablo y volver a experimentar como pueblo la bendición de Dios. Mientras lee, le animo a permitir que el Espíritu Santo agite su corazón nuevamente con Su pasión por nosotros individualmente y como nación.

Robert Henderson
Autor más vendido de *The Courts of Heaven Series*

En *Despertando del Caos*, Greg Hood presenta una obra maestra de esperanza para el futuro de la iglesia, para Estados Unidos y para las naciones que claman por un mover de Dios. Cuidadosamente, bíblicamente y proféticamente, establece un modelo para el avivamiento con el que cada líder y creyente puede trabajar para cambiar la cultura y comprometer la atmósfera espiritual para traer el cambio. La palabra estudios aporta una visión increíble y revela los elementos importantes necesarios para reconstruir el altar del Señor que ha sido derribado tanto en la iglesia como en la sociedad para ver un derramamiento del cielo sin precedentes, para la cosecha y la transformación.

Dr. Jane Hamon, Vision Church @ Christian International
Autor de: *Dreams and Visions, The Deborah Company, The Cyrus Decree, Discernment*

Mi amigo Greg Hood es conocido por ser contundente, directo e intransigente en su prédica. ¡Su escritura lo es aún más! Me encanta la forma en que nos desafía audazmente a liberarnos de las viejas mentalidades religiosas para que podamos abrazar los planes del Reino de Dios. En su nuevo libro *Despertando del Caos*, Greg nos da una visión clara de una iglesia restaurada. Con ricas ideas sobre las doce tribus de Israel, nos lleva en un viaje hacia la restauración de la fe del Nuevo Testamento. ¡Serás desafiado e inspirado!

J. Lee Grady, Autor y Director del Mordecai Project

El Dr. Greg Hood nos ayuda a comprender el significado del tiempo y comprender el impacto sísmico del altar. He tenido el privilegio de la amistad de Greg y las bendiciones de sus claras voces proféticas. Alabo al Señor Jesús por permitirle escribir este valioso libro.

Tamrat Layne, Ex primer Ministro, Etiopía

El mensaje fundamental de este libro es que Dios no ha terminado contigo o con Estados Unidos, pero la iglesia y algunos pastores y algunos de nosotros en el gobierno necesitamos juntar nuestras piedras.

Rep. Gene Ward, PhD, Cámara de Representantes de Hawai

Kingdom University

KINGDOM UNIVERSITY ofrece clases acreditadas y títulos en:

- Consejería Cristiana
- Estudios del Reino
- Negocios
- Ministerio Quíntuple
- Estudios
- Artes

INSTALACIONES EN:

- Georgia
- Indiana
- Louisiana
- Missouri
- North Carolina
- Texas
- Illinois
- Kentucky
- Mississippi
- New Jersey
- Tennessee
- Online Campus

¡Próximamente más localidades cerca de usted!

LOS INSTRUCTORES:

Dr. Greg Hood	Dr. Ron Phillips	Apostle Tommy Kelly
Dr. Dutch Sheets	Dr. Tod Zeiger	Apostle Bob Long
Dr. Tim Sheets	Dr. Tom Schlueter	Apostle Jacquie Tyre
Dr. Jane Hamon	Dr. Alemu Beeftu	Apostle Regina Shank
Dr. Tom Hamon	Dr. Scott Reece	Apostle Kerry Kirkwood
Dr. Dwain Miller		

Kingdom University se reúne un fin de semana al mes los viernes por la noche y los sábados. El año escolar es de enero a noviembre. (No tenemos clases en julio y diciembre.)

Regístrese hoy: www.KingdomU.org

Contáctenos en: Office@KingdomU.org

¡NOS VEMOS EN EL SALÓN DE CLASE!

215

www.ingramcontent.com/pod-product-compliance
Lightning Source LLC
Chambersburg PA
CBHW062200080426
42734CB00010B/1753